신행사전 004

신학 용어 사전

스탠리 J. 그렌츠 · 데이비드 거레츠키 · 체리스 피 노들링

ivp.co.kr

rmaenge.com

Originally published by InterVarsity Press as *Pocket Dictionary of Theological Terms* by Stanley J. Grenz, David Guretzki and Cherith Fee Nordling. ⓒ 1999 by Stanley J. Grenz, David Guretzki and Cherith Fee Nordling. Translated and printed by permission of InterVarsity Press, P.O. Box 1400, Downers Grove, IL 60515, USA. www.ivpress.com. License arranged through rMaeng2, Seoul, Republic of Korea.

This Korean edition ⓒ 2018, 2022 by rMAENGe
This Korean edition is translated by Jin, Kyuseon
and is used by permission of by rMAENGe, Seoul, Republic of Korea.

This Korean paperback edition ⓒ 2022 by rMAENGe
This paperback edition is published by IVP, Seoul, Republic of Korea.
All rights reserved.

ⓒ 2018, 2022 알맹e
이 한국어판의 저작권은 저작권사와 독점 계약한 알맹e에 있으며,
이 종이책의 판면권은 한국 IVP에 있습니다. 신 저작권법에 의하여 한국 내에서 보호받는
저작물이므로 무단 전재와 무단 복제를 금합니다.

이 책은 현재 알맹e에서 전자책으로 출간 중이며, 이 종이책에 사용된 본문은 전자책의 본문과
사소한 일부 포맷팅을 제외하고는 동일합니다. 알맹e의 이용허락을 받아 IVP에서 출간합니다.

※ 오탈자 신고, 내용 수정 및 변경, 항목 추가 등을 알맹e 이메일(rmaenge@rmaeng2.com)로
  전해 주시면 더 좋은 사전을 만드는 데 큰 도움이 될 것입니다.

신학 용어 사전

스탠리 J. 그렌츠 · 데이비드 거레츠키 · 체리스 피 노들링
진규선 옮김

Ivp 알맹e

서문

이 작은 사전에는 당신이 신학 책을 읽을 때 마주하게 될 300여 개의 중요 단어와 개념이 정리되어 있다. 이 항목들은 영어에서 번역된 한국어 용어들 외에도 라틴어나 독일어뿐 아니라, 신학사에서 주요한 역할을 한 신학자들도 일부 포함되어 있다.

이 사전을 사용할 때에는 다음 몇 가지 사항을 참고할 필요가 있다. 첫째, 이 책의 형식은 매우 단순하다. 용어들, 표현들, 이름들은 가나다 순서에 따라 배열되었다. 둘째, 우리는 기초적이고 일반적으로 이해되는 정의에 집중했다. 따라서 우리는 그 개념들을 완전하게 다루기보다 기본적이면서도 실용적 지식을 제공하는 수준으로 서술하려고 노력했다. 결과적으로 이 실용적 지식은, 당신이 읽고 있는 신학 텍스트, 당신이 듣고 있는 강의, 심지어 다른 좀더 큰, 광범위한 신학 사전에서 당신이 찾는 정보를 더 온전히 파악하도록 만들어 줄 것이다. 셋째, 우리가 제공하는 자료들 대부분이 여러 기독교 전통에서 수용되는 것이라 할지라도, 우리가 포괄적인 복음주의 관점 혹은 개신교적 관점으로 글을 쓴다는 점이 때때로 명백하게 드러나기도 할 것이다.

이 사전은 일종의 참고 서적이기에 처음부터 끝까지 순서대로 읽기를 권하지 않는다. 오히려 우리는 당신이 신학 문헌을 읽을 때 이 사전을 당신 곁이나 책상 위에 두고, 친숙하지 않은 용어를 접할 때마다 참고할 수 있기를 바란다. 혹은 당신이 신학 용어의 정의를 서술하는 시험을 치러야 하는 신학생이라면 100점을 받도록 준비하게끔 도울 훌륭한 '시험 족보'로 이 책을 사용할 수도 있을 것이다.

이 사전은 참고 서적으로 잘 활용되도록, 상호 참조를 위한 편집이 적용되어 있다. 용어나 표현 앞에 있는 별표(*)는 그것이 이 책에서 별도의 항목으로 수록되어 있다는 것을 가리킨다. '…을 보라'나 '또한…을 보라'라는 언급은 부가 정보를 제공할 항목을 가리킨다.

그리스도의 교회의 구성원이자 예수님의 제자인 우리는 신학 독서에서 큰 유익을 얻는다. 우리는 당신도 그러하길 바란다. 그리고 이 사전이 그 과정에서 당신을 돕기를 희망한다.

| 일러두기 |

1. 한국어 성경 본문은 개역개정판을 기본 판본으로 사용했습니다.
2. 인명의 경우 성이 앞에 배치되어 있습니다. 예) 바르트, 칼
3. 표제어가 여러 대안 용어로도 통용되는 경우에는 원표제어의 영문(라틴어) 표기 뒤에 추가로 나열했습니다. 예) **거대 서사** metanarrative 거대 담론
4. 역자가 내용을 보완·보충한 경우에는 괄호로 묶었으며, 내용 끝에 ⓣ라고 표기했습니다.
5. 편집자가 내용을 보완·보충한 경우에는 괄호로 묶었으며, 내용 끝에 ⓔ라고 표기했습니다.
6. 한국어로 출간된 도서명은 가급적 한국어로 도서명과 출간 정보를 넣었습니다.
7. 이 책에서 자주 참고한 도서들은 아래와 같이 약어로 표기했습니다.

신어사: 최병규, 『신학어휘사전』, 양문, 1990.
천용: 주교회의천주교용어위원회 편찬, 『천주교 용어집』 개정증보판, 한국천주교주교회의, 2007.

1

39개 (신앙) 신조 the Thirty-Nine Articles 16세기 잉글랜드 종교개혁의 논쟁 가운데 그에 대한 반응으로 (1563년 당시의) 잉글랜드 성공회Church of England의 공식 입장들을 나타내는 교리적 진술(교리 요목들에 대한 짧은 요약)의 모음.

ㄱ

가치론 axiology 가치 판단의 본질, 기준, 의미, 적용을 연구하는 철학적 탐구의 한 영역. 일반적으로 가치론은, '무엇이 선한가?'(가치이론value theory), '무엇이 올바른가?'(*윤리학ethics), '무엇이 아름다운가?'(*미학aesthetics)를 묻는다.

가현설 docetism 초기 교회에서 예수는 완전한 하나님이었고, 단지 인간이 된 것처럼 '보였다'는 가르침(헬라어 도케오 dokeō는 '…처럼 보이다 혹은 나타나다'를 뜻한다). 가현설 신학자들은 하나님과 인간의 질적 차이를 강조했으며, 결국 신성을 강조하는 자신들의 선호에 따라 예수의 생애의 인간적 요소를 하찮게 만들었다. 초기 교회는 가현설을 예수에 관한 성경의 가르침의 이단적 해석으로 보고 거부했다.

감리교 Methodism 18세기 *존 웨슬리John Wesley와 찰스 웨슬리Charles Wesley 및 추종자들에 의해 세워진 신앙 및 실천 체계. 이들의 복음 전도 및 부흥 운동은 영국 전역, 미국, 세계 곳곳으로 확장되었다. 초기 감리교 개종자들은 공동체적 신앙 고백, 기도, 예식, 개인 성결을 강조하는 높은 수준의 훈련을 하는 단체들 혹은 모임들에 편입되었다. 현대 감리교는 실천적 사회 참여에 강한 열심을 보인다. **참조.** *웨슬리주의.

갑바도기아 교부들 Cappadocian fathers *니케아 공의회Council of Nicea, 325, *콘스탄티노플 공의회Council of Constantinople, 381 사이에 저술 활동을 했던 신학자 집단. 갑바도기아 교부들은 아리우스파 이단에 반박하며 *삼위일체Trinity에 대한 정통 교리를 형성했다. 이 집단에는 *카이사레아의 바실리오스Basil of Caesarea, 약 330-379, *니사의 그레고리오스Gregory of Nyssa, 약 330-395, *나지안조스의 그레고리오스 Gregory of Nazianzus, 약 330-389가 포함된다. 갑바도기아 교부들의 삼위일체론은, 하나님이 '한 우시아ousía(실체, 본질)에 세 휘포스타세이스hypóstaseis[위격(휘포스타시스의 복수 표기ⓣ)]로 존재한다'고 진술한다. 참조. *아리우스주의, 아리우스.

강림 advent 문자적으로, '오다' 혹은 '도착'을 의미하는 이 용어는, 자신의 삶, 죽음, 부활, 승천을 통해 *구원salvation을 주기 위해 예수가 이 땅에 '온 것'을 가리킨다. 그리스도인들은 그리스도가 교회를 받아들이고 민족들을 심판하기 위해 육체로 땅으로 돌아올 두 번째 강림을 고대하고 있다(참조. *파루시아Parousia). 또한 이 용어는 그리스도가 처음으로 이 땅에 온 날(성탄절)을 기념하기 위해 교회가 준비하는 교회력의 한 기간을 가리키기도 하는데, 이때는 대림절待臨節 혹은 대강절이라고 불리며 성탄절 당일 이전 네 번의 일요일을 포함한다. (그리스도가 오시기 전의 기간을 가리키기 때문에 강림절이라는 용어는 적절치 않다.ⓔ)

개신교, 개신교 원리 Protestantism, Protestant principle 개신교는 16세기 *종교개혁Reformation에서 기원한 기독교 내부의 '저항' 운동의 산물이며 나중에 주요한 개신교 전통들로 집약되었다(*루터교Lutheran, *칼뱅주의Calvinist/장로교Presbyterian, *성공회Anglican/감독교회Episcopalian). 개신교인들은 로마 가톨릭이 성경과 나란히 전승을 높게 평가하는 것과 달리 성경의 수위성首位性, primacy을 강조했기에, 개신교 원리는, 신자들이 성경을 읽어야 하고 또 이해하려고 노력해야 하며, 교회의 실천은 언제나 성경 연구에 종속되어야 한다고 주장한다. 개신교 원리는 교회 내에서의 최종 권위는 성경을 통해 말씀하는 성령이라고 선언한다.

개인주의 individualism 삶의 의미가 자기 자신을 위해 생각하고 선택하는 개인의 능력에서 발견된다는 점을 강조하는 현대 서구 문화의 사고방식. 개인주의의 극단적 형태는, 개인을 모든 외적 간섭을 배제한 채로 오로지 자신의 선호도, 사상, 감정의 총체로만 규정한다. 서구 기독교 속에서 나타나는 개인주의는 현시대에 지배적이며, 교회라는 보다 넓은 신앙 공동체에 대한 신자의 책임 및 공동체와 신자의 관계를 충분히 강조하지 않는 것이 일반적이어서, 기독교를 주로 하나님과 개인 사이의 거래로 만드는 불행한 결과를 낳았다.

개혁 전통, 개혁신학 Reformed tradition, Reformed theology 개혁주의 전통, 개혁주의 신학 *루터교Lutheran와 *재세례파Anabaptist 전통과는 구별되는 *장 칼뱅John Calvin과 *울리히 츠빙글리Ulrich Zwingli의 가르침으로부터 파생한 전통이자 신학적 틀. 개혁파 신학은 근본적으로 하나님의 영광에 초점을 맞추며 신학적 사색의 출발점으로 하나님의 주권을 그 핵심으로 삼는 것을 강조한다.

거대 서사 metanarrative 메타 내러티브, 거대 담론 인간의 모든 것을 관통하고, 모든 것을 포괄하는 이야기가 있어서(예. *구속사salvation history), 보다 개별적인 이야기들이 그러한 이야기에 들어맞는다는 개념. 그리스도인들은 *창조creation-*타락Fall-*구속redemption-새 창조new creation라는 성경의 이야기가 모든 것을 포괄하는 이러한 거대 서사라 믿는다. 왜냐하면 성경 이야기는 모든 인류의 이야기이기 때문이다. 이러한 의미에서 성경 이야기는 그리스도인의 가르침에서 핵심적인 거대 서사로 기능한다.

거룩한 holy 일반적으로 '구별된'을 의미하는 성경의 용어. 이 용어는 성경에서 광범위하게 여러 사람 및 사물에 사용되지만, 궁극적으로는 피조 세계와 구별된 혹은 질적으로 다른 존재인 하나님을 가리키기 위해 사용된다. 또한 '거룩'은 하나님이 특별한 목적을 위해 '구별한' 어떤 사람이나 어떤 사물을 묘사하기 위해 사용될 수도 있다. 신약에서 거룩은 윤리적 순결이나 죄로부터의 해방이라는 의미를 취한다. 따라서 성경의 풍성한 증언들은 하나님의 거룩, 하나님의 타자성, 순수성, 하나님 자신의 목적을 위해 따로 떼어 놓은 사람과 사물에 베푼 하나님의 특혜, 하나님이 거룩하게 되도록 선언한 이들의 삶 속에서 나타나는 선한 결과들을 증거한다.

견인, 성도의 perseverance of the saints 성도의 인내 하나님의 사랑 안에 변함없이 머물며, 고통 가운데서 특별히 박해에 직면해도 끈기를 갖고 인내하라는 성경의 명령. *칼뱅주의Calvinist 신학에서 성도의 견인(혹은 보호)은 택함 받은 자들은 참으로 끝날까지 신실하게 남아 있을 것이라는 믿음을 가리킨다. 최근의 *복음주의evangelical 신학에서, 논의되는 것 중 하나는 어떻게 영원한 보호의 교리(그리스도를 구주로 영접한 모든 사람은 개종 후 개인의 행위와 상관없이 하나님을 영원히 즐거워할 것이라는 교리)와 신앙으로부터 멀어지거나 불순종하지 말고 인내하라는 성경의 요청 사이의 균형을 세울 것인가에 대한 것이다. **참조.** *아르미니우스주의, 아르미니우스; *칼뱅주의, 장 칼뱅.

견진堅振 confirmation 로마 가톨릭 교회와 *동방정교회Eastern Orthodoxy에 따르면, 견진은 교회의 *성례sacraments 중 하나이며, 성직자가 첫 영성체에 참여하기 전 12세 어린이에게 집례하는 것이다. 이 행위는 어린이에게 특별한 은혜를 줌으로써 신앙 안에서 성숙하게 한다. *유아 세례pedobaptism를 시행하는 개신교 전통에서는 견진(입교)은 보통 13살쯤의 어린이에게 수행되는 것으로, 그들이 유아기에 받은 세례에 대한 공식적인 확언 의식이다. (로마 가톨릭에서는 견진성사 sacrament of confirmation, sacramentum confirmationis라고 한다. 천용ⓔ)

결의론 casuistry 도덕 행위를 보장하기 위하여, 구체적 상황에 적용될 수 있는 보편타당한 윤리 규칙 혹은 표준을 공식화하려는 시도. 다르게 말하자면, 결의론은 개별적 윤리 문제를 결정할 수 있는 일반적인 규칙을 만들려는 시도다.

결정론 determinism 인간의 행위를 포함한 모든 사건을 이전 원인의 필연적 결과로 보는 이론. 자연주의적 결정론은 모든 사건을 물리적 우주 속에서 일어나는 고정되고 바뀔 수 없는 인과 연쇄의 일부로 본다. 신학적 결정론은 모든 사건을 하나님이 직접 일으키신 것으로 본다. 대다수의 신학자(비록 일부 예외적인 유명 신학자도 있지만)는 자연주의적 결정론과 신학적 결정론 둘 모두 거부한다. 왜냐하면 두 이론 모두, 인간의 자유로운 선택 가능성과 모순되는 것으로 보이며, 또한 그러한 견해들은 인간을 자신의 행위에 도덕적인 책임이 없는 존재로 만들기 때문이다.

경건주의 pietism 신학의 형식적 구조(즉 교리)와 교회 질서보다 더 인격적인 신앙 소유 및 거룩한 삶을 강조하는 기독교적 삶에 대한 성경 지향적이면서도 경험적인 접근 방식. 처음에 경건주의는 독일 루터교 내에서 단순히 교리에 동의하는 것에 대한 시각을 수정하려고 한 운동이었다. 경건주의자들은 그러한 것이 '죽은 정통'으로 이어진다고 생각했다. 필리프 야코프 슈페너Philipp Jacob Spener, 1635-1705는 종종 독일 경건주의의 아버지로 인용되곤 한다. 슈페너는 상호 변화를 위해 만나는 '경건의 모임'*collegia pietatis*이라는 작은 그룹을 세움으로써 교회 내에 변화를 가져오려고 했다. **참조.** *신학 방법, 방법론.

경륜적 삼위일체 *삼위일체, 경륜적을 보라.

경험론 empiricism 경험주의 모든 지식은 내적(사고, 느낌 등)이든 외적(시각, 후각, 촉각, 청각, 미각 등)이든 경험을 통해 획득된다고 추정하는 철학 이론. 경험론은 프랜시스 베이컨Francis Bacon, 존 로크John Locke와 같은 인물들과 가장 밀접하게 연결되지만, 경험론의 가장 극단적인 형태는 데이비드 흄David Hume의 사상에서 발견된다. 흄은 극단적인 경험론을 취하여, 사람이 확실하게 알 수 있는 것은 오직 사물에 대한 자기 자신의 경험이기 때문에 외부의 사물(대상)이 존재하는지는 실제로 알 수 없다는 태도를 보였다.

계몽주의 the Enlightenment 계몽운동 17세기, 18세기 서구 지성인들 사이에서 지배적이었던 철학적 분위기를 가리킬 때 사용하는 용어. 18세기 동안 철학자 *임마누엘 칸트Immanuel Kant는 계몽주의를 '인류 성년의 시대'mankind's coming of age로 정의했다. 계몽주의 사상가들은 지식의 근원으로서 외적 권위를 거부했고, 대신에 세계를 이해하기 위한 최고의 방법으로 인간의 이성 사용을 높였다. 결과적으로, 계몽주의 시기에 사람들은 성경, 교회, *신경creed의 권위 및 모든 종교적 *교의dogma 혹은 교리의 권위에 의심을 품었다.

계시 revelation 하나님 자신이 신적 본성과 인간을 향한 하나님의 뜻과 목적의 신비를 드러내는 과정과 진리 전체가 드러나는 것, 둘 다를 일컫는다. 어떤 신학자들은, 계시란 말씀과 행동을 통한 *구속사salvation history 속에서의 하나님의 행위, 그리고 그 사실을 인격적으로 받아들이고 자기 것으로 삼도록 사람들을 움직이는 하나님의 계속되는 행위로 구성된다고 주장한다. *일반 계시General revelation는, 하나님의 존재 및 특별한 속성들이 하나님의 실재와 의식에 대한 내적 감각 및 우주와 역사에 대한 관찰을 통해 확인될 수 있다고 주장한다. *특별 계시special revelation는 보다 구체적으로 인간 구원을 위해 특정한 사람을 통한, 그리고 특정한 사람에 대한 하나님의 자기 계시를 말한다.

계약 신학, 계약 대표 federal theology, federal headship 요한네스 코케이우스Johannes Cocceius, 1603-1669의 작품과 동일시되는 신학 사상 체계로 종종 *언약 신학covenant theology으로 불린다. 계약 신학은, 아담이 첫 사람으로서 나머지 인류의 '계약 대표'(라틴어 포에두스foedus가 언약/계약을 뜻한다)로, 혹은 법률 대리인으로 행동했다고 주장한다. 하나님은 아담과 언약적 관계를 세워, 순종에는 복을, 불순종에는 저주를 약속했다. 계약 신학에 따르면, 만약 아담이 하나님에게 순종했다면, 그의 순종은 모든 인간에게 복이 되었을 것이다. 그러나 계약 대표인 아담이 불순종했기 때문에, 인류에게 저주가 미쳤다. 또한 계약 신학은 아담이 인간의 계약 대표였듯이, 그리스도는 둘째 아담으로서 역사로 들어와 저주를 끊고 그를 믿는 모든 자에게 의의 계약 대표로서 행했다고 덧붙인다.

고백, 신앙고백주의 confession, confessionalism '같은 것을 말하다' 혹은 '동의하다'를 뜻하는 헬라어 호몰로게오homologeō와 연관된 성경의 개념으로, 고백은 최소한 세 가지 의미로 사용된다. 첫째, 찬양과 예배 중 하나님의 위대성을 인식하기, 둘째, 죄를 인식하고 끊어 내기, 셋째, 기본적인 교리적 서약을 말로 표현하기. 이 용어의 세 번째 의미에서의 신앙고백, 즉 핵심적인 기독교 신앙의 교리적 요약은 기독교 교회의 역사를 거치며 발전해 왔다. 신앙고백주의는 일반적으로 특정 교파적인, 어떤 구체적인 신앙고백의 배경에서 신학을 하는 것을 뜻한다. (파생어로 교파화 과정을 뜻하는 confessionalization도 있다. 맥그래스, 『신학이란 무엇인가』ⓔ)

고해 penance 로마 가톨릭 전통에서, 참회하는 사람이 죄의 용서를 통해 하나님 및 교회와 화해되게 하는 *화해reconciliation의 *성례/성사sacrament. 종종 그러한 화해는 참회하는 죄인이 회개의 말과 같은 어떤 규정된 행위를 보인 뒤에 이루어진다. (로마 가톨릭에서는 일곱 성사 가운데 하나이며, 고해 성사의 특성이나 여러 측면을 설명할 때 '화해'의 측면 외에도 회개, 참회, 고백, 용서의 측면이나 특성을 가진 것으로 이해한다. 천용ⓔ)

공관복음, 공관복음 문제 Synoptic Gospels, synoptic problem 공관복음이란 마태복음, 마가복음, 누가복음을 가리키며, 그것들은 예수에 대한 유독 다른 상을 제공하는(물론 상호 보완적이지만) 요한복음과 달리 서로 상당한 유사성을 보여 준다. 공관복음 문제는 각 세 복음서가 공유하는 주제와 빈번하게 등장하는 텍스트의 유사성에 기초하여, 그것들 사이의 문학적 관계 및 상호의존성을 다룬다.

공로 merit 신학적으로, 공로는 하나님을 위해 행한 일로 인해 하나님에게 상을 받아야 한다고 인지되는 개인의 권리다. 로마 가톨릭 전통이 공로를 그리스도인의 타당한 범주로 지키려고 유지하는 반면에, 종교개혁자들은 무엇보다 은혜에 의해 믿음을 통한 *칭의 justification 교리를 지지하며 공로를 거부했다.

공재설 consubstantiation *루터교 전통Lutheran tradition과 가장 밀접하게 연관된 *주의 만찬Lord's Supper에 대한 이론. 주의 살과 피가 실제 빵과 포도주 '안에, 그것들과 함께, 그것들 아래에' 임재한다고 보는 공재설은 '중세 후기 유명론자로 알려진 둔스 스코투스John Duns Scotus, 오컴William of Ockham, 제르송Jean Gerson, 다이Pierre d'Ailly로 거슬러 올라가는데, 로마 가톨릭의 화체설을 반박하기 위한 이론으로 제시되었고, 루터는 이런 설명 방식의 일부를 비유적으로 수용했을 뿐이다'(최주훈ⓔ). 이는 빵과 포도주가 사제의 축성 시 위로 들릴 때,

그것들이 실제 예수의 살과 피로 변한다고 가르치는 로마 가톨릭의 *화체설transubstantiation에 대한 가르침과 대조적이다.

과정 신학 process theology 알프레드 노스 화이트헤드Alfred North Whitehead의 철학에 기초한 20세기 신학으로, 두 본성을 통해 세상의 끝없는 과정과 불가결하게 관련되는 양극의 하나님a dipolar God을 제시한다. 두 본성이란, '태초부터의' 초월적 본성(여기에 하나님의 성품의 무시간적 완전성이 있다)과 '결과로 생기는' 내재적 본성(이로써 하나님은 변화하는 우주적 과정의 일부다)이다. 과정 신학의 옹호자로는 존 B. 캅 주니어John B. Cobb Jr., 찰스 하트숀Charles Hartshorne, 마조리 수하키Marjorie Suchocki 등이 있다.

관념론 idealism 물질 혹은 질료보다는 영 혹은 정신의 측면에서 실재의 본질을 묘사하는 모든 철학 체계. 일부 관념론자들은 모든 실재는 단일 정신Geist의 산물, 즉 신의 정신의 산물로 주장한 반면(*헤겔의 관념론Hegelian idealism), 또 다른 관념론자들은 실재는 수많은 정신의 총합(버클리의 관념론)이라고 생각한다. 반면에 어떤 사람들은 실재를 위계적으로 보며, 사고와 관념들의 추상적인 영역을 물리적 대상들과 대상들의 그림자에 불과한 '덜 실재적인' 구체적인 영역보다 더욱더 실재에 가까운 것으로 간주한다(*플라톤의 관념론Platonic idealism).

관(료) 주도형 종교개혁 magisterial Reformation 16세기 개신교 운동에 있어서 (때때로 *급진 종교개혁Radical Reformation이라 표현되는) *재세례파Anabaptist와 대조적으로 루터파, 츠빙글리파, 칼뱅파를 가리키는 표현. 정치적 통치자들의 후원받기를 거부한 재세례파 지도자들과는 대조적으로 관(료) 주도형 종교개혁자들은 정치 권력이 교회 개혁의 진보를 위해 이용되어야 한다고 확신했다. **참조**. *종교개혁.

교도권敎導權 magisterium 예수에 대한 좋은 소식을 선포하고 가르치는 교회의 특권. 많은 교회 공동체에서 이 용어는 일반적으로는 교회의 공식적 교리, 가르침 실천을 다른 사람에게 전달하고 거기에 관한 내용을 결정하는 권위를 공동으로 소유한 신학자들이나 교회

직분자들, 보다 구체적으로는 그러한 사람들이 모인 집단을 가리킨다. 교황의 권위 아래에 모인 주교들로 구성된 로마 가톨릭 교회에서 교도권은 권위 있는 교육 집단을 가리키는 것으로 더욱 제한적인 의미로 사용된다. 주교는 계속해서 다양한 종류의 통상ordinary 교도권을 수행한다. 장엄extraordinary 교도권은 주교들이 공의회로 모일 때나 교황이 [성좌에서(성좌선언)*ex cathedra*] 어떤 새로운 *교의dogma를 선포할 때 등장한다.

교리 doctrine 특정한 신학적 사안에 대하여 성경 가르침의 요약 진술을 제공하기 위한 신학적 정리formulation. 이상적으로 말하자면, 교회의 전통과 시대의 사고 유형에도 주의를 기울이면서, 성경에 충실하고자 하는 노력이 교리를 형성한다. 따라서 교리는 현대인이 고대 성경의 가르침을 이해할 수 있는 방식으로 진술된다.

교리 문답, 교리 문답서 catechesis, catechism 교회에서 자라는 아이들과 기독교로 새롭게 개종한 이들에게 기본적인 기독교 신앙과 성경의 내용을 가르치는 과정. 이 과정은 대개 질문과 답변이라는 형식을 사용한 대중적인 안내서인 '교리 문답서'를 사용하여 가르친다.

교부 시대 patristic era '아버지'를 뜻하는 헬라어 '파테르'*patēr*에서 온 것으로, 이 용어는 신약 저술 이후 교회의 처음 몇 세기들에, 혹은 그 기간의 초기 교회의 교부와 저술가에게 적용되는 용어일반적으로 주후 100-750. 교부 시대는 사도들의 죽음 이후에 시작되었고 중세 시대까지 이어진다. 가장 중요한 교부 저자들로는 *이레나이우스Irenaeus, *오리게네스Origen, *테르툴리아누스Tertullian, *갑바도기아 교부들Cappadocian fathers, *아우구스티누스Augustine 등과 같은 권위자들이 있다.

교의, 교의학 dogma, dogmatics *오순절 집단에서, 교의는 *교리doctrine, 즉 신학적 가르침과 거의 동의어다. 로마 가톨릭과 *동방정교회Eastern Orthodoxy 집단에서 교의는 교회의 가르침으로 공식 수용된 것이며, 단순히 개별 신학자들의 이론이 아니다. '교의학'이라는 용어는 일반적으로 성경과 전통의 가르침을 교회의 역사에 따라 전통적으로 사용된 신학적 범주들(예. *인간론anthropology, 그리스도론Christology, 구원론soteriology)에 따라 통일된 전체로서 요약하고 체계화하는 교회의 직무를 가리킨다.

교제 communion 교통, 영성체, 성찬례 일반적으로, 사귐(헬. *코이노니아*koinōnia*)에 대한 성경의 개념과 가장 밀접하게 연관된 용어. 그것은 사람들과 하나님과의 사귐의 관계를 가리킬 수도 있고 사람과 사람(특히 그리스도 안에 있는) 간의 관계적 사귐을 가리킬 수도 있다. 또한 이 용어는, 그 참여자들과 그리스도의 사귐 및 서로 간의 사귐을 나타내는 사건인 *주의 만찬Lord's Supper에 대한 언급에서 사용된다.

교파, 분파주의 denomination, denominationalism 비록 지역마다 따로 모일지라도, 공통의 교리적·조직적·윤리적·지리적·실천적 관심사들에 기초하여 하나로 모인 다양한 회중들의 조직적인 구조. 하나의 이론으로서의 분파주의는 교회를 '그리스도인'이라는 보다 거대한 용어의 우산 아래 다양한 예식과 믿음으로 구성된 것으로 보며, 동시에 어느 하나의 그리스도인 집단이 자신을 유일한(독점적인) 지상 교회의 현현으로 주장할 수 없다고 본다. 이는 *종파주의sectarianism(*종파, 종파주의sect, sectarianism를 보라)와는 대조되는 것으로, 종파주의는 좁은 의미로 정의되는 어느 한 집단이 다른 모든 집단을 제외하고서 그 자신을 유일한 교회의 참된 현현으로 보는 태도를 가리킨다.

교회 Church '모임', '총회', '회중' 등, 다양한 의미를 지니는 헬라어 에클레시아*ekklēsia*에 대한 번역으로 사용되는 단어. 그러나 신약은 이 단어를 하나님의 완전한 계시인 그리스도의 인격과 사역을 믿음으로써 하나님 및 다른 이들과 새로운 관계로 진입한고전 1:9-10, 이 땅에서 성령이 거주하는 성전이 된고전 3:16, 하나님의 말씀의 언어적 선포행 20:25-27와 *규례ordinances 혹은 *성례sacraments의 시행마 28:19; 고전 10:16-17을 통해 이 세상에 대한 현재와 미래의 하나님의 통치를 선포하는 직분을 받은 모든 자를 가리키기 위해 사용하는 경향이 있다. 교회는 그리스도의 죽음, 부활, 승천이라는 지난 과거의 사역 위에 세워졌으며, 미래에 관하여는 그리스도의 재림을 고대하며,

현재는 성령의 권능으로 사랑 안에서 살아가길 추구한다.

교회, 가시적 visible church 보이는 교회, 유형교회 참된 신자들(혹은 선택받은 자들)로서 오직 하나님에게만 알려진 자들을 말하는 *비가시적 교회invisible church와는 대조적으로, 세례 교인인 지역 회중들이 모인 조직체로서의 교회. 다른 표현으로 대신하자면, 이미 죽어서 현재 하나님과 함께 하늘에 있는 성도들의 보이지 않는 연대와 대비되는, 현재 살아 있는 사람으로 구성된 교회를 말한다.

교회, 비가시적 invisible church 보이지 않는 교회, 무형교회 *아우구스티누스Augustine가 언급한 것으로 여겨지는 표현으로, 죽었든 살아 있든 그리스도의 몸으로 성령에 의해 연합된 참된 신자들의 총체를 가리킨다. 그리스도를 참으로 믿든 믿지 않든 그리스도에 대한 신앙을 고백하는 사람들이 모인 역사적이고 지역적인 *가시적 교회 visible church와 달리, 비가시적 교회는 외적으로 관찰될 수 없다. 왜냐하면 단순히 신앙의 외적인 고백이 아니라 내적인 신앙을 보는 하나님만이 그 구성원이 누구인지 알 수 있기 때문이다.

교회론 ecclesiology '교회'에 대한 이해와 연계된 신학 연구 분과(헬라어로 '교회'를 에클레시아ekklēsia라고 한다). 교회론은 교회의 본질과 기능을 서술하려고 하며, 또한 교회의 선교, 목회, 구조를 비롯하여 하나님의 전체 계획 속에서 교회의 역할이 무엇인지 등에 대하여 탐구한다.

구속 redemption 속량 예수의 죽음이라는 '지불'로 말미암은 은혜를 통해 죄인들이 죄의 속박으로부터 하나님의 관계로 '되돌아가는'bought back 과정. 구속은, 예수 안에서 이루는 하나님의 은혜로운 사역에 대한 통찰력을 주기 위해 신약이 사용하곤 하는 그림 혹은 은유 중 하나다.

구속사, 하일스게쉬히테 Heilsgeschichte, salvation history 구원사 '구원의 역사'를 의미하는 독일어. 요한 알브레히트 벵엘Johann Albrecht Bengel, 1687-1752이 처음으로 고안한 용어로 성경의 내용은 인간 역사에서 신적 *구원salvation을 이루는 하나님에 대한 설명임을 가리킨다. 이러한 접근 방식의 지지자들은 성경을 하나님의 구속 계획

구원 18

의 역사로 보기에 그것을 교리를 세우기 위한 거룩한 '증거 본문' 모음집으로 보는 개념을 거부한다. 20세기 중반 많은 신학자가(오스카 쿨만, 게르하르트 폰 라트 등) 성경 해석에 있어서 구속사적 접근 방식의 많은 요소들을 채택했지만 일부 유명한 예외도 있었다(루돌프 불트만 등).

구원 salvation 하나님이 의도한 목표로 만물을 이끄는 일에 있어서 피조물, 특히 인간을 위한 하나님의 행위를 일컫는 용어. 보다 구체적으로 말하자면, 구원은 예수 그리스도의 사역을 통해 *타락Fall과 죄의 권능 및 영향으로부터 인간을 해방하는 하나님의 일이다. 그로써 일반적으로 말하자면 모든 피조 세계가, 특정하여 말하자면, 인간이 하나님을 위해 만들어진 그 삶의 충만함을 즐길 수 있다.

구원론 soteriology 문자적으로, "*'구원salvation에 관한 연구'. *조직 신학systematic theology에서 이 주제는 피조 세계, 특별히 인간이 신적 목적을 누릴 수 있도록 일하는 삼위일체 하나님의 사역을 다룬다. 보다 구체적으로 '객관적' 구원론은 인간의 구원과 관계하여 그리스도의 삶, 죽음, 부활, 승귀exaltation를 다루며, '주관적' 구원론(그리스도의 구원의 적용으로 일하는 성령의 사역)은, 개인이 하나님이 목표한 구원으로 인도되는 과정을 다룬다. 일반적으로 그 주제들은 *선택election, 소명calling, *중생regeneration, *신앙faith, 회개repentance, 회심conversion, *칭의justification, *성화sanctification, *영화glorification를 포함한다.

구원의 순서 ordo salutis 오르도 살루티스 '구원의 순서'를 의미하는 라틴어, 즉 하나님의 구원 계획에서 일어나는 사건의 여정. 로마 가톨릭과 개혁파 전통 둘 다 *구원salvation은 오직 그리스도를 통해서 온다고 믿었으나, 그들은 이 구원의 순서에 있어서 극적으로 나뉜다. *개혁파 전통Reformed tradition에서 구원의 순서는 유효 소명effectual calling, *중생regeneration, *신앙faith, *칭의justification, *성화sanctification, *영화glorification와 같은 것을 포함한다. 이와 대조적으로 로마 가톨릭은 규정된 세례와 견진의 *성사들sacraments, *성찬Eucharist, 고해, 결혼, 서품, 과거에는 종부 성사(죽음을 준비하는 의식)로 알려진

치유 의식 등을 통해 '은총을 베푼다.'

구원의 협조자 coredemptrix 공동구속자 최근 로마 가톨릭 신학에서, 예수의 어머니 마리아는 그리스도의 성육신에서 그의 어머니가 되었고 또한 구속적 희생으로서 그리스도를 아버지께 공동으로 바침으로써 그리스도의 수난 시에 공동으로 고통받았으므로, 그녀는 특별하게 *구속redemption의 제공에 참여했다는 개념. 마리아를 구원의 협조자로 제안하는 로마 가톨릭 신학자들은 일반적으로 이 입장이 마리아를 그리스도와 동등하게 만드는 것이 아니라는 신중한 설명을 덧붙인다. 하지만 그들은 구속이 마리아의 자유로운 참여와 더불어 그리스도에 의하여 성취된다고 제안한다.

구조주의, 구조주의 해석 structuralism, structuralist exegesis 여러 다양한 접근 방식들을 결합하는 문학 *비평criticism의 광범위한 운동으로, 구조주의에서 의미는 텍스트에서 발견되는 '심층 구조들'(대상을 이해하고 표현하는 근본적이고 보편적인 방식들)의 산물이라고 주장한다. 구조주의는 이러한 구조들의 정체를 밝히고 분류하려고 하며 그로써 그것들이 해석에 도움이 되도록 노력한다.

군주(신)론 monarchianism 모나르키아주의 *단일신론monotheism과 신성의 단일성(단일함을 뜻하는 헬라어 모노*móno*와 근원을 뜻하는 헬라어 아르케*archē*를 붙여서, '한 근원'을 의미)을 수호하려 했던 2-3세기의 운동. 그러나 성부로부터 구별되는 성자와 성령의 인격적 실재를 부정함으로써, 이러한 시도는 반삼위일체론 이단이라는 결과를 낳았다. 군주(신)론은 두 가지 형태로 발전했다. 첫째는 *양자설주의adoptionist 혹은 역동적 군주(신)론으로, 예수를 단순히 성령으로 충만했던 선지자였으며 하나님에 의해 입양되었다고 본다. 둘째는 *양태론modalism 혹은 *사벨리우스주의Sabellianism로, 예수를 한 분 하나님이 우리에게 자신을 계시할 때 취한 양태 중 하나로 본다.

궁극적 관심 ultimate concern 모든 사람은 자신에게 가장 중요한 무엇인가를 가진다는 *폴 틸리히Paul Tillich로부터 발생한 개념. 틸리히는 인간의 궁극적인 관심 혹은 '궁극적으로 관심의 대상이 되는 것'이란 결국 그들의 신이라고 주장한다. 이런 의미에서 모든 사람

규례 ordinance 의식 문자적으로는 권위 있는 *작정decree, *율법law. 일부 *자유 교회free-church(예. 침례교 등)는 세례와 *주의 만찬Lord's Supper을 *성례sacraments보다는 규례로 언급한다. 그렇게 함으로써 그들은 그리스도에 의해 세워진 이러한 의식의 자발적 특성을 강조한다.

그레고리오스, 나지안조스의(주후 약 329-389)와 니사의 그레고리오스(주후 약 335-395) Gregory of Nazianzus, Gregory of Nyssa

*바실리오스Basil와 함께 *갑바도기아 교부들Cappadocian fathers로 알려진 초기 교회 신학자들. 둘 다 *삼위일체Trinity의 정통 진술의 발전에 영향력을 발휘했다. 나지안조스의 그레고리오스는 신성의 각 위격을 묘사하기 위한 정체성을 구별 짓는 용어에 중요한 역할을 감당했다. 즉 성부는 '낳아지지 않은'unbegotten 분, 성자는 영원히 '낳아진'begotten 분, 성령은 영원히 '나오는'proceeds 분이다. 니사의 그레고리오스는 삼위일체 교리에 있어서 하나님의 한 '우시아'ousía(실체 혹은 *본질essence)와 하나님의 세 휘포스타세이스 hypóstaseis(휘포스타시스의 복수 표기ⓣ, 위격들)에 대한 바실리오스의 구분을 더욱 세분화하는 작업으로 기여했다.

그레고리오스, 니사의 Gregory of Nyssa **나지안조스의 그레고리오스**를 보라.

그리스도, 그리스도론 Christ, Christology 기독론 헬라어를 음역한 단어인 그리스도는 히브리어의 '메시아'messiah와 동의어로, '기름 부음 받은 자'anointed one를 뜻한다. 엄밀한 의미는 아니지만, 신약에서 '그리스도'라는 용어의 사용은 예수의 신성을 가리키는 경향이 있다. 그리스도론은 다음과 같은 두 가지 주요한 질문에 답변하려고 하는 신학 연구다. 첫째, '예수는 누구인가?'(예수의 정체성에 대한 질문), 둘째, '예수가 성육신으로 성취한 것은 무엇이며 또 그것의 본성과 의의는 무엇인가?'(예수의 사역에 대한 질문).

그리스도 중심주의 Christocentrism 그리스도 유일론 의도적이든 비의도적이든 예수 그리스도를 기독교 신학의 중심적 주제로 혹은 지

배적 주제로 삼는 것. 기독교는 그 정의상 그리스도 중심적이다. 왜냐하면 그리스도인은 그리스도를 따르는 자들을 지칭하기 때문이다. 그러나 마르틴 루터Martin Luther, 칼 바르트Karl Barth, 디트리히 본회퍼Dietrich Bonhoeffer는 다른 신학적 개념들을 이해하고 평가하는 '기준'으로 혹은 출발점으로 그리스도를 삼고 자신들의 신학을 의도적으로 발전시키려 했던 대표적인 신학자들이다. 부정적인 관점으로 보자면, 그리스도 중심주의는 기독교 신앙의 삼위일체적인 측면을 무시하는 쪽으로 나아가, 결국 성부와 성령의 역할을 무시하거나 경시할 수 있다.

그리스도의 겸비 humiliation of Christ 비하 인간으로 태어나고 인간을 대신하여 고통당하고 죽음으로써 성부의 아들로서의 자신의 *영광glory에 대한 예수의 자발적 포기를 말할 때 사용하는 표현. 신학자들은 그리스도의 겸비가 그의 죽음 이후 음부 강하를 포함하는지를 두고 논쟁했지만, 대다수는 예수의 삶과 죽음은 다른 이들을 위한 자기희생의 궁극적인 모범이었음에 동의한다.

그리스도의 무죄 sinlessness of Christ 예수는 죄가 없었으며, 모든 율법의 위반으로부터 자유로웠고 따라서 완벽한 거룩 속에서 성부의 의지를 시행할 수 있었다는 교리. 예수의 무죄에 관한 초기의 논쟁들은, 그가 받은 유혹들이 실재인지, 그의 존재가 무흠하지만 유혹 받을 수 있는 *역설paradox적인 존재인지에 초점을 맞추었다. 즉 예수가 '죄를 짓지 않을 수 있었는지'potuit non peccare, 혹은 '죄를 지을 수 없었는지'non potuit peccare에 대한 물음을 두고 논쟁이 일어났다.

그리스도의 편재, 그리스도 인성 편재론 ubiquity, ubiquitarianism 루터와 그에 뒤이은 루터의 추종자들에 의해 발전된 것으로, 그리스도는 그의 인성 안에서도 모든 장소에 존재했다는 교리. 루터교는 물리적 예수는 천상의 성부의 오른편에 있으며 따라서 빵과 포도주에 임재할 수 없다고 주장하는 *개혁파Reformed 사상가들(예. *츠빙글리Zwingli)과는 대조적으로, 그리스도가 *성찬eucharistic 성물에 물리적으로 임재한다[*실재(설)real presence]는 믿음을 지지하기 위해 그리스도의 편재 교리에 호소한다.

근본주의, 근본주의-근대주의 논쟁 fundamentalism, fundamentalist-modernist debate 근본주의-현대주의 논쟁 20세기 초반부 기독교 신앙의 어떤 '근본적인 것들'에 굳은 헌신을 유지하기 위해 북미에서 일어난 운동. 근본주의는 미국 개신교 신학교들과 교회에서 당시 점점 대중화되던 기독교의 *자유주의적liberal 혹은 *근대주의적modernist 형태에 대한 직접적인 반동이었다. 근본주의-근대주의 논쟁은, 성경의 증언들의 초자연적 요소들을 거부하는 근대주의자들과, 성경에 기록된 기적적인 사건들, 즉 *동정녀 탄생virgin birth, *부활resurrection, 재림에 대한 신앙 등의 역사성을 강조하는 근본주의자들을 대립하게 했다.

금욕주의 asceticism 영성은, '영적인' 문제에 집중하는 동안 육체적 기쁨과 개인적 욕망의 포기를 통해 획득된다는 가르침. 예수 스스로가 그러한 확실한 행위인 금식마 9:15을 옹호했고 또한 어쩌면 하나님 나라를 위한 독신마 9:12도 지지했다고 볼 수 있다. 하지만 몇몇 그리스도인들은 금욕적 실천의 역할을 지나치게 강조한다. 이러한 태도는 사도 바울로 하여금 금욕적 실천 그 자체만으로는 죄로부터 탈출하기 위한 수단으로 불충분하다는골 2:20-23 논증을 하게 했다. 불행하게도 종종 금욕주의는, 물리적 육체는 악하고 궁극적으로 그것이 바로 죄의 원인이라는 전제 위에서 발전하곤 한다. 이는 전적으로 비성경적인 개념이다. **참조**. *영지주의. (*ascetismus*, 수덕修德, 천용ⓒ)

급진 종교개혁 Radical Reformation 진보적 종교개혁 혹은 제3의 종교개혁으로 알려진 이 표현은 *츠빙글리Zwingli, 루터, 칼뱅과 같은 *관(료) 주도형 종교개혁magisterial reformation과 동일시되기를 원치 않은 다소 거친 의미의 종교개혁 집단들을 나타낸다. 급진 종교개혁을 이루는 세 가지 주요한 단체가 *재세례파Ababaptist, 심령파spiritualists, 복음적 합리주의자evangelical rationalists다. 이들은 개신교의 많은 부분에 공통적인 실망을 공유했다. 결과적으로 그들은 전통적인 종교개혁 교회들의 교리와 제도들 일부를 거부하고 넘어섰다. **참조**. *칼뱅주의, 장 칼뱅; *루터교.

기념설 memorialism *울리히 츠빙글리Ulrich Zwingli에게서 유래한 것으로, *주의 만찬Lord's Supper을 (그리스도가 제자들과 함께 마지막 식사를 한 것과 더불어) 그리스도가 십자가 상에서 자신을 내어 준 것을 나타내는(혹은 기념하는) 상징 의식으로 보는 견해. 중세 신학자들과 루터 둘 다에 의해 옹호되는 *실재설real presence(즉 *화체설transubstantiation과 *공재설consubstantiation)과는 대조적으로 기념설 옹호자들은 그리스도의 임재는 성물에 예속되는 것이 아니라 신자들이 모인 공동체 가운데 있다고 믿는다. 기념설 옹호자들은 "이것은 내 몸이다…이것은 나의 피다"막 14:22, 24, 새번역라는 그리스도의 말씀 중 '…이다'is를 상징으로 여긴다. 그래서 그 단어는 '…을/를 의미한다'signifies 혹은 '…을/를 나타낸다'represents라는 뜻이 된다. 따라서 예수는 이러한 표현을 사용함으로써 문자적으로 자신의 신체적 살과 피를 언급한 것이 아니라, 그 물리적 요소들이 그들을 위해 넘겨질 자신의 생명에 대한 상징임을 나타냈다.

ㄴ

나는 이해하기 위해 믿는다/나는 불합리하기 때문에 믿는다 credo ut intelligam, credo quia absurdum "크레도 우트 인텔리감"credo ut intelligam은 문자적으로 '나는 이해하기 위해 믿는다'로 번역된다. 이 문구는 *안셀무스Anselm의 저작 『프로슬로기온』Proslogion, 아카넷 1장에서 온 것으로 신앙과 이성의 관계에 대한 그 자신의 이해를 가리킨다. 즉 신앙은 논리적으로 시간적으로 이해에 선행하며, 신앙을 통해 이해가 온다. 한편, "크레도 퀴아 압수르둠"credo quia absurdum은 '나는 불합리하기 때문에 믿는다'로 번역되며, *테르툴리아누스Tertullian의 것으로 알려져 있다. 테르툴리아누스에게 있어서 신앙과 이성은 양립불가능하며, 따라서 신앙은 믿을 수 없는 것, 혹은 불합리한 것에 대한 믿음을 수반한다.

낭만주의 Romanticism 18세기 말과 19세기 초, *계몽주의Enlightenment

적 합리주의와 고전주의에 대한 반발로 일어난 인문주의자들 내부의 운동(아마도 더 좋은 표현은 운동보다는 태도attitude나 분위기temperament일 것이다). 낭만주의는 주관적이고 감정적이며 실존적인 관점과 자연적이고 감각적인 세계에의 참여와 합리적이고 질서 정연한 것을 능가하는 상상력의 우위성을 강조했다. 낭만주의는 *프리드리히 슐라이어마허Friedrich Schleiermacher의 신학에 영향을 미쳤다.

내러티브, 내러티브 신학 narrative, narrative theology 서사, 서사 신학 1970년대 이후, 신학적 반성의 중심 동기를 제공하기 위해 이야기와 이야기 전달자storyteller로서의 개개인(예. 가브리엘 파크레Gabriel Fackre, 한스 프라이Hans Frei, 스탠리 하우어워스Stanley Hauerwas, 조지 스트럽George Stroup)의 개념을 활용한 신학적 접근 방식. 내러티브 신학자들은, 우리는 우리 개인 이야기가 종교 공동체의 초월적인 이야기와, 그리고 궁극적으로 *구속사salvation history의 모든 것을 관통하는 내러티브와 결합할 때 우리 개인의 정체성을 세울 수 있다고 주장한다.

내재 immanence 하나님이 피조 세계 안에, 그리고 피조 세계와 밀접하게 관계를 맺으며 존재한다는 개념. 하나님과 세계는 하나라는, 혹은 하나님이 세계의 영(생기를 불어넣는 원리)이라는 *범신론pantheism과는 달리, 기독교 신학은, 하나님은 지속하여 피조 세계와 관계를 맺으나 피조 세계에 의해 실제로 소모되지 않으며 어떤 방식으로도 신성을 멈추지 않는다고 가르친다. **참조**. *초월.

네스토리우스주의 Nestorianism 네스토리우스 신학 에베소 공의회주후 431에 의해 정죄된, 콘스탄티노플의 감독 네스토리우스가 고수한 견해로, 예수 그리스도는 하나의 인격(신인 통합)이지만, 그의 두 본성(하나의 인성과 하나의 신성)은 각각 존재하며, 따라서 구별된다는 주장. 이 견해에 따르면 결과적으로 인류를 위한 예수의 고통은 그의 신성이 아닌 인성 안에서만 이루어진 예수의 행위로 여겨진다.

논리 실증주의 logical positivism ***실증주의, 논리 실증주의, 논리 경험주의**를 보라.

논증학 polemics 논쟁술 (형식 논리로 이론을 수호하는) 토론 혹은 논쟁의 기술. 논증학은 또한 다른 입장이나 원리를 공격적으로 논박하는 것이기도 하다. 신학에서 이 논증학은, 기독교 교리의 내적 일관성 및 그것이 전체로서의 인간 지식과 조화를 이룸을 보여 주는 기독교의 신앙체계의 조직적이면서도 질서 정연한 서술(즉 *조직 신학systematic theology)을 통해, 주로 다른 경쟁적인 것들보다 기독교의 가르침의 우위성을 보여 주려는 시도를 가리킨다. (험증학驗證學이라고 번역되기도 하는데, 이는 *증거론evidentialism의 번역어로 더 적합하다.ⓔ) **참조.** *평화 신학.

누미노제 numinous, numinose 숭고한, 신성한, 신비한 라틴어 누멘numen(고대 헬라어 '인지하다'를 뜻하는 '노에오'에서 차용된 용어로 고개를 숙이는 행위, 신적인 능력/의지, 신성 등을 가리키는 고대 라틴어ⓣ)을 채용한 단어로 독일 신학자 루돌프 오토Rudolf Otto가 고안한 용어이며, '거룩한 존재'의 현존과 마주하는 것으로 종교적 경험의 핵심을 묘사한다. 누미노제는 이성과 도덕의 측면을 포함한다. 그리고 누미노제는 '느껴지는 것'이기에, 묘사될 수는 있어도 엄격하게 정의될 수는 없다.

니버, 라인홀드 Niebuhr, Reinhold (1892-1971) 20세기 중반에 걸친 미국 신학계에서 가장 영향력 있는 목소리를 낸 사람 중 한 명. 니버는 *자유주의liberalism를 거부하면서 기독교 *인간론anthropology에 집중하게 되었다. 니버는 인간이 타락했으면서도 자유롭게 존재한다고 믿었다. 또한 니버는 현대 사회 문제와 기독교의 관련성에도 관심을 가졌다. 그는 자유주의의 도덕적 유토피아(억제되지 않은 낙관론)에 반대하며, '기독교 현실주의'Christian Realism를 제안했는데, 그는 현실적으로 가능한 것, 즉 우리의 타락성 때문에 획득할 수 없다고 여기는 완전한 사회 질서의 개시보다는 이미 존재하는 보다 정의로운 상태(정의의 근사치)를 이루려고 노력했다. **참조.** *신정통주의.

니케아 신경 Nicene Creed 콘스탄티누스 황제가 아리우스 논쟁(*아리우스주의Arianism를 보라)과 연관된 교회 분열을 해결하기 위해 개최한 제1차 *니케아 공의회Council of Nicaea, 주후 325의 결과물로 나온 신학적 고백. 이 신경은 아들은 아버지와 하나의 본질을 갖는다는 가르침을 반영한다(*호모우시오스homoousios를 보라). 오늘날 교회에서 낭독되는 니케아 신경은 원본과 유사하지만 콘스탄티노플 공의회주후 381에서 개정된 것으로, 그 최신판은 원본의 표현을 포함하면서도 더 길다.

니케아, 콘스탄티노플, 칼케돈 공의회 Councils of Nicaea, Constantiople, Chalcedon 기독교 역사 초기 몇 세기 동안 여러 번에 걸친 *에큐메니칼ecumenical(즉 모든 교회로부터 온 대표자들을 포함하는) 모임에서, 교회 지도자들은 신자들이 믿어야 할 것에 대하여 합의를 보기 위한 목적으로 주요한 신학적 사안들을 논의했다. 니케아 공의회주후 325는 무엇보다 *아리우스주의Arianism(그리스도는 피조물 중 가장 높은 존재였다는 교리적 가르침)에 대한 논쟁을 해결하기 위해 모였고 반-아리우스적anti-Arian *니케아 신경Nicene Creed의 작성으로 결론지었다. 콘스탄티노플 공의회주후 381는 하나님Godhead 내에서 성령의 정체성에 대한 논의로 확장되어 니케아 신경을 완전하게 삼위일체론적으로 만들었다. 콘스탄티노플 공의회는 니케아 신경을 확장하여 공식적으로 아리우스주의를 포함하여 다른 가르침들을 정죄했으며, 예수 그리스도의 완전한 인성에 대한 정통 교리를 확고하게 세웠다. 칼케돈 공의회주후 451는 그리스도의 인성과 신성의 관계에 초점을 맞추어 칼케돈 신조를 작성했는데, 그것은 그리스도의 인격에 대한 정통 진술이 되었다. **참조.** *칼케돈 신조.

ㄷ

다섯 가지 길 the Five Ways 다섯 가지 신 존재 증명 *토마스 아퀴나스Thomas Aquinas가 제시한 신 존재를 가리키는 다섯 가지 합리적인 논증 방식. 그 다섯 가지 논증 방식이란 다음과 같다. 첫째, 운동motion을 통한 논증(움직이는 모든 것은 사동자mover가 필요하다. 그러려면 다른 것들을 움직이게 한 어떤 부동의 존재가 있어야 한다. 하나님이 바로 이 부동의 원동자다). 둘째, *우주론적cosmological 논증(모든 결과는 원인을 갖는다. 그러나 과거로 무한히 원인을 소급할 수 없다. 그러므로 하나님이 바로 최초의 원인 혹은 다른 원인을 두지 않는 원인이다). 셋째, *우연성contingency을 통한 논증(모든 사물은 어떤 다른 것에 의존한다. 즉 우연적이다. 그러므로 절대적으로 독립된, 즉 필연적인 무엇이 있어야 한다. 이 필연적 존재가 하나님이다). 넷째, 완전perfection을 통한 논증(사물들 사이에는 증가하는 완전의 단계가 있는 것처럼 보인다. 따라서 가장 높은 등급의 완전한 존재가 있어야 한다. 이 존재가 하나님이다). 다섯째, *목적론적teleological 논증(세계 속에 있는 관찰가능한 설계는 지적 설계자, 즉 하나님이 반드시 존재함을 암시한다).

다원주의 pluralism 사회 체제 내의 다양한 종교, 윤리, 인종, 사회 집단의 자율성과 지속적인 개발을 지원하는 사회 체계에 대한 옹호와 포용. 신학에서 다원주의는, 하나님에게로 가는 많은 길, 하나님에 대한 진리의 다양한 표현, *구원salvation을 위한 동등하게 유효한 여러 수단이 있다고 주장하는 것이다.

다의적 equivocal 의미론(단어의 의미에 대한 연구)에서 하나 이상의 가능한 의미를 지닌 단어를 규정지을 때 사용하는 용어. 이는 오직 하나의 가능한 의미만을 갖는 *일의적univocal 단어들과 대조된다. 신학에서, 하나의 용어가 하나님에게 사용될 때와 인간이나 그 밖의 피조 세계에 속한 것을 언급할 때 의미가 서로 상당히 다르면, 이를 가리켜 다의적이라 한다. (논증 과정에서 한 단어가 지닌 여러 의미를 혼동하여 사용하는 경우를 가리킬 때는 equivocal을 '애매한'으로 번역한다.『철학·변증학 용어 사전』ⓒ)

단일신론 monotheism 일신론 여러 신에 대한 신앙(다신론)과 대립되는 한 분 하나님móno-theós에 대한 신앙. 비록 단일신론 지지자들이 다른 초자연적 권세들(천사나 악령)의 실재를 인식할지라도, 그들은 그러한 모든 권세가 궁극적으로 홀로 높으신 한 분 하나님의 지배 혹은 권위 아래에 있다고 믿는다. 단일신론은 유대교, 기독교, 이슬람교의 가르침 등 다양한 형태를 띤다.

대리적 속죄 vicarious atonement 문자적으로는 '…을 대신하여.' 예수가 '우리를 위해' 돌아가셨다는 점에서, 즉 인간 죄의 결과를 자신의 것으로 삼았다는 점에서, 신학자들은 종종 그의 희생적sacrificial 대속적substitutionary 죽음을 '대리적' 속죄라고 표현한다.

대화적 인격주의 dialogical personalism 관계의 두 종류, 곧 '나-너' 관계와 '나-그것' 관계를 구별하기 위한 마르틴 부버Martin Buber의 시도를 가리킬 때 사용하는 용어. 나-너 관계는 이어지는 대화 속에서 인격 간의 상호성이라는 특징을 지닌다. 나-그것 관계에서는 한 인격체가 홀로 대상을 알아 가는 주체로서 행동하고, '그것'은 그저 알려지는 대상으로 서 있다. 부버에게 있어서 하나님에 대한 참된 지식이란 대화적 '나-너' 관계다. 즉 하나님은 연구되어야 하는 대상이 아니라 능동적 주체로서 상호적이고, 양쪽의 관계 안으로 들어오며, 사람과 대화하는 주체다.

데우스 엑스 마키나 deus ex machina '기계 장치로 (연극 무대에) 내려온 신'을 가리키는 라틴어로, 데우스 엑스 마키나는 고대 그리스 로마 연극에서 다른 방도로는 해결될 수 없는 문제를 해결하기 위해 '신'이 그 연극에 예상치 못하게 등장하게 될 때 사용하는 드라마의 장치였다. 신학사에서 일부 신학자들은, 더 이성적인 혹은 더 자연스러운 해결책이 가능할 수 있는 신학적·철학적·과학적 문제에 '틈새의 신' 혹은 '데우스 엑스 마키나'를 도입했다는 비난을 받기도 했다. 예를 들어 일부 비판자들은, 더욱더 자연스러운 혹은 과학적인 이론을 통해서 우주의 기원을 설명하지 않고 우주의 궁극적인 근원으로 신을 상정하는 창조주 하나님에 대한 교리가 데우스 엑스 마키나라고 주장한다. [(신을 예배하기보다는) 신을 이용하려는, 하나님을 부자 방망이식으로 생각하는 것. 신어사ⓒ] **참조.** *오컴의 면도날.

도나투스주의 Donatism 도나투스 신학, 도나투스파 4세기와 5세기 무렵 '순수한' 교회를 '배교한' 혹은 '타락한' 교회와 구별하려고 시도했던 도나투스의 첫 가르침으로부터 일어난 운동. 도나투스주의자들은 그리스도인들이 군에 복무하는 것을 격렬하게 반대했다. 왜냐하면 군대는 악의 나라의 도구로 보였기 때문이다. 또한 도나투스주의자들은 만약 어떤 그리스도인들이 이교도 황제에게 협력한 주교에 의해 세례를 받았다면, 그들이 세례를 다시 받기를 권했다. 결국 *아우구스티누스Augustine는 도나투스주의 논증들을 논박했다.

도덕 감화 이론, 속죄의 *속죄의 도덕 감화 이론을 보라.

도덕률 폐지론 antinomianism 율법 폐지론, 반율법주의 개인 행동에 대한 절대적 혹은 외적 율법의 구속적 성격을 부정하는 하나의 윤리 체계. 일부 도덕률 폐지론자들은 그리스도의 공로가 그리스도인들을 율법으로부터 해방시켰기에 그리스도인들이 구약의 율법들을 설교하거나 실천할 필요가 없다고 주장한다. 혹은 초기 *영지주의자들Gnostics과 같은 어떤 이들은, 영적 완전은 율법에 대한 순종이 아니라 특수한 지식의 획득을 통해 이루어진다고 가르친다. 일반적으로 기독교 신학은 도덕률 폐지론을 거부한다. 그리스도인들은 율법을 지킴으로써 구원받는 것은 아니지만, 여전히 바르게 살아야 할 의무가 있고, 그것은 곧 서로의 짐을 지라는 하나님의 율법에 순종함으로써갈 5:13-14, 창조주 그리스도의 형상에까지 그리스도인들을 지속적으로 변화시키는골 3:1, 7-10 성령 안에서 행함으로써갈 5:16 가능하다.

도덕적 논증 moral argument (for God's existence) *임마누엘 칸트Immanuel Kant가 처음 사용한 논증으로, 그는 도덕('최고선'에 대한 인간의 추구)이 입법자이자 동시에 인간의 도덕적 추구를 보상할 심판자인 신 존재를 상정하고 있다고 주장했다. 비교적 최근, C. S. 루이스C. S. Lewis가 수정된 도덕적 논증을 제공했다.

도르트 총회 Synod of Dort 교회와 국가의 분리 및 *아르미니우스주의Arminianism 논쟁을 다루기 위해 1618-1619년, 도르트Dort 지역에서 개최된 네덜란드 개혁교회Dutch Reformed Church의 총회(혹은 대회). 이 총회는 아르미니우스주의에 대한 편견을 만들었다. 또한 이 총회는 도르트 신조Canon of Dort를 작성했는데, 그것은 인간의 전적 부패total dipravity, 무조건적 *선택unconditional election, *제한 속죄limited atonement, 하나님의 불가항력적 은혜irresistibility of divine grace,

하나님에 의한 성도의 *견인perseverance of the saints의 교리를 재확언했다. **참조**. *칼뱅주의, 장 칼뱅; *튤립 교리.

독자 반응 이론, 해석학의 reader-response theory of hermeneutics 독자 중심 이론 독자들이 자신들의 텍스트 읽기에 가지고 가는 기대들을 형성하고, 수정하고, 확인하는 성경 텍스트의 능력을 탐구하는 포스트모던 문학 비평의 형태. 이러한 접근은, 해석의 주요 임무가 중립적인disinterested 해석자로서 텍스트에 접근하여 과학적 해석술을 통해 원저자의 의도를 결정하는 것이라는 근대 *해석학hermeneutics에 만연한 전제에 도전을 가한다. 근대적 방식과 대조적으로 독자 반응 이론은 독자와 텍스트가 상호 의존한다고 주장한다. 따라서 중요한 것은 텍스트 원저자의 의도라기보다는 텍스트를 읽으며 생겨나는 독자와 텍스트 간의 '대화'다.

동방정교회 Eastern Orthodoxy 4세기부터 8세기까지 일곱 번의 에큐메니칼 공의회에서 개괄될, 초기 교회 교부들에 의해 형성된 교리들을 수호하려는 기독교의 한 분파. 비록 로마 가톨릭 교회 및 *개신교Protestantism와 어떤 신학적 내용은 공유하지만(예. *삼위일체Trinity에 관한 교리), 동방정교회는 적어도 다음과 같은 세 가지 구별되는 특징을 지닌다. 첫째, 하나님은 이성적 이해 너머에 있기에 인간은 오직 '빛에 대한 내적 시선'inner vision of light을 통해서만 하나님을 알 수 있다고 주장하는 *침묵(의) 신학apophatic theology. 둘째, 성령의 출래proceeding, procedens는 성부와 성자에게서(니케아 신경의 서방 교회판)가 아니라 오로지 성부에게서만 이루어진다(*니케아 신경Nicene Creed의 본래 표현)는 삼위일체적 이해. 셋째, 신의 본성에 참여하는 *신화deification의 과정으로서의 *구원salvation. **참조**. *필리오케.

동의 *assensus* 아센수스는 어떤 신학적 진리에 대한 지적 승인 혹은 수용을 가리키는 라틴어다. 신앙에 대한 성경적 개념이 '동의'를 포함하지만, 그것이 구원하는 믿음과 동등할 수는 없다. 성경적 신앙을 가진 사람이라면 예수가 인간이자 신이라는 진리에 동의할 것이다. 그러나 동의가 성경적 신앙을 보증하지는 않는다. 왜냐하면 야고보가 말했듯이, '그것은 심지어 귀신들도 믿는' 수준이기 때문이다약 2:19. 따라서 귀신들은 지적 동의는 할 수 있어도 그리스도를 믿는 구원 얻는 신앙을 갖지는 못한다. **참조.** *신뢰; *신앙; *지식.

동일본질 *유사본질, 동일본질을 보라.

동정녀 탄생, 동정녀 잉태 virgin birth, virginal conception 동정녀 수태 인간 아버지의 참여 없이 성령이 예수를 마리아의 자궁에 임신시켰다고 주장하는 교리.

두 본성 교리 doctrine of two natures 완전한 인간이자 완전한 하나님인 그리스도의 인격에 대한 정통 입장을 서술하는 방식. 에베소 공의회Council of Ephesus, 주후 431에서 지지되고 칼케돈 공의회주후 451에서 명확해진, 이 두 본성 교리는 한 인격인 예수 그리스도가 신이자 인간임을 확언한다. 성육신에서 두 본성이 한 인격 안에 연합되었다. 결과적으로 두 본성은 구별되면서도(즉 두 본성은 혼합되거나 하나로 합쳐져 세 번째 본성으로 변하지 않는다) 한 *휘포스타시스 *hypóstasis*(즉 단순히 나란히 존재하는 것이 아니다)를 형성한다.

둔스 스코투스, 스코투스 신학 Duns Scotus, Scotism (약 1266-1308) 중세 프란치스코회 수도사이자 철학자, 신학자로 *토마스 아퀴나스 Thomas Aquinas의 가르침에 반대했던 인물. 스코투스는 신앙이 이성의 문제라기보다 의지 행사의 문제라고 주장했다. 결과적으로, 스코투스 신학은 철학(이성)의 결론이 신학(신앙)의 결론과 충돌할 수 있으며, 신앙의 결론이 수용되어야 한다는 논증이다. 주지주의 전통을 확립한 성 토마스 아퀴나스의 주장과 배치되고, 실제로 토마스 아퀴나스의 논설 중 일부에 반대하기도 하여 "토마스에 대한 조직적인 반대자"라는 공격을 받기도 하였다. 스코투스는 '현묘박사'Subtle Doctor라는 칭호를 받기도 했지만, 난해하다는 평과 반대도 많이 받았다. 이후 그의 이름 둔스는, 특히 어떤 종교개혁자들에 의해 이성 없이 믿는 자들에게 붙이는 '바보 같음'ridicule을 가리키는 별명이 되었다. (사후 700년 가까이 지나서1991, 교황 요한 바오로 2세에 의하여 시복되었다. 이제월ⓒ)

디아스포라 diaspora 본래 '퍼진 혹은 흩어진 사람들'을 뜻하는 헬라어 용어. 이 단어는 이방 세계에 흩어지거나 섞인 유대인 개개인 혹은 유대인 공동체에 적용된다. 신약에서 이 용어의 어법은 그들의 진정한 '고향'이 아닌 세상에 흩어진 그리스도인들을 대상으로 사용된다^{벧전 1:1을 보라}.

로고스 중심주의 logocentrism 자크 데리다Jacques Derrida 같은 포스트모던 철학자들이 사용한 표현으로, 로고스(글 또는 기록된 언어)를 의미 전달의 중심 매개로 보는 철학적 방법론을 지칭한다. 데리다는 인간 언어가 우리가 알 수 있는 *본질essence(또는 존재의 현존)을 지시하고, 나타내고, 재현할 수 있다는 철학적 가정을 거부한다.

루터교 Lutheranism 독일 *종교개혁Reformation을 일으킨 인물로 잘 알려져 있는 마르틴 루터1483-1546의 가르침에 기초한 신학적·교회적 전통. 루터의 '탑의 경험'은 그에게, 복음의 핵심이 믿음으로 전유하여 오직 하나님 은혜의 선물로 받는 *칭의justification임을 확신시켜 주었다(*오직 은혜sola gratia, *오직 믿음sola fide을 보라). 루터에 따르면 하나님은 인간의 공로나 행위가 아니라 예수의 죽음을 통해서 죄인을 의롭다고 선언한다. 신앙은 그리스도의 '공로'를 통한 하나님의 *구원salvation의 선물에 대한 신뢰와 수용을 수반한다.

르네상스 Renaissance '재탄생'을 의미하는 프랑스어로, 이 용어는 1400-1600년 사이, 고대 그리스 로마의 미학과 예술적 가치로의 회귀 또는 그러한 가치의 재탄생이 있었던 시대를 일컫는다. 르네상스는 영적 용어로 실재들을 인지하는 중세의 시각으로부터(하나님이 중심 역할을 하는) 인간이 중심 존재가 되게 하는 전환을 수반했다. 따라서 이 기간은 종종 *인문주의humanism 시대로 묘사되기도 한다. **참조**. *에라스무스, 데시데리우스.

리츨, 알브레히트 Ritschl, Albrecht (1822-1889) 19세기 개신교 *자유주의liberalism의 패러다임을 제공한 사람으로 여겨지는 중요한 독일 루터교 신학자. *임마누엘 칸트Immanuel Kant의 선례를 따라, 리츨은 과학적 지식(중립적 관점에서 실재를 이해하려는 시도)과 종교적 지식(실재에 대한 가치 판단)을 구분했다. 따라서, 신학은 그리스도인의 삶에 미치는 하나님의 영향에 근거한 가치 판단 체계다. 리츨 신학에서 핵심은 바로 *하나님 나라kingdom of God라는 개념이다. 그는 교회를 인간의 최고선이 예수 안에 계시된 하나님 나라에서 발견된다는 가치 판단을 공동으로 하는 사람들의 공동체로 보았다.

◻

마니교 Manichaeism 3세기경 이란의 철학자, 마니Mani에 의해 세워진 종교로, 그는 자신이 페르시아 종교, 기독교, 불교를 완성하기 위해 보내진 최후의 그리고 가장 위대한 선지자라 믿었다. 마니교는 지식을 통해 *구원salvation을 제공하는 이원론적 *영지주의Gnosticism의 형태다. 마니교는, 불완전한 자는 계속되는 육체의 환생에 종속된다는 믿음에 기초하여 그 실천에 있어서 엄격한 *금욕주의asceticism를 추구했다(특히 육체적 쾌락의 참여를 제어하는 형태로). *아우구스티누스Augustine도 회심 이전에는 9년간 마니교도였다.

마르크스주의 Marxism 변증법적 유물론이라 불리며, 칼 마르크스에 의해 지지된 정치적·사회적·경제적 원리. 마르크스는 주어진 사회의 사회경제적 구조들이 그것의 기본 가치, 법률, 관습, 신념들을 구성한다고 주장했다. 마르크스주의의 이론과 실천은 노동 가치론, 계급 없는 사회 설립 목표 등을 포함한다. 마르크스주의는 현대의 신학, 특히 *해방 신학liberation theology의 여러 부분에 영향을 끼쳤다.

마르키온주의 Marcionism 2세기 무렵 마르키온과 더불어 시작된 운동으로, 그는 구약의 하나님은 예수를 통해 계시된 사랑의 하나님과 양립될 수 없는 존재이기에 그리스도인에게 구약은 유효하지 않다고 거부했다. 때때로 자신들의 설교나 가르침에서 신약에 초점을 맞추거나 구약이 예수와 기독교 신앙의 '요람'임을 간과하는 (따라서 예수와 초대교회의 유대성에 대한 합당한 신뢰성을 부여하는 데 실패한) 사람들은 마르키온주의라는 비난을 받았다.

마리아론 Mariology 예수의 어머니 마리아에 대한 신학적 가르침. 로마 가톨릭 교회는 전승을 통해 발전한 마리아에 대한 어떤 가르침들을 기독교 *교의dogma(즉 모든 로마 가톨릭 신자에게 명령으로 내려지는 본질적인 신앙 조항)의 본질적인 부분으로 수용했다. 이러한 교의적 확언들은 마리아의 *무염시태immaculate conception, 영구적 처녀성perpetual virginity, 무죄sinlessness, 은총의 충만plenitude of grace, *성모 승천assumption 등을 포함한다.

만물의 회복 *아포카타스타시스를 보라.

만유재신론 *범재신론을 보라.

만인 제사장설 priesthood of believers 신앙을 가진 모든 그리스도인은 그리스도와 인격적인 소통 안에서 하나님 앞에 서서, 인간 중재자의 필수적인 도움 없이도 직접 용서를 받을 수 있다는 특권과 자유를 선언하는 *종교개혁Reformation의 원리. 제사장들처럼벧전 2:5, 9, 신자들은 직접 찬양의 제사와 감사의 제사를 하나님에게 드릴 수 있으며, 다른 사람들의 필요를 위해 사역할 수 있다. 따라서 임직된 목회자들은 다른 신자들과 영적인 지위에서 다르지 않으며 단지 역할과 직책에서만 다르다.

만족설 *속죄에 대한 만족설을 보라.

메노나이트 Mennonites 메노파 16세기에 *재세례파Anabaptist라 불리던 무리의 지도자 메노 시몬스Menno Simons, 1496-1561의 추종자들을 일컫는 표현. 부분적으로는 *신자들의 교회believers' church 전통을 지키는 메노나이트는 공통된 교리에 대한 정교한 진술을 인정하지 않으며 국가 교회라는 개념 및 유아 세례와 *성찬Eucharist 시 그리스도의 *실재(설)real presence를 거부한다. 그들은 신약을 엄격하게 고수하면서 개인과 공동체의 경건을 장려한다. 일반적으로 메노나이트들은 평화주의자다.

메시아 Messiah '기름 부음 받은 자'를 의미하는 히브리어. 구약의 하나님의 백성은 다시 한번 왕과 제사장으로 이스라엘을 다스릴 성령에 의해 기름 부음 받은 자를 고대했다. 따라서 (구약 및 중간기의) 유대교 신학에서, 메시아는 초자연적이든 세속적이든 하나님에 의해 지명된 것처럼 보이는, 하나님의 특별한 능력과 직무를 받은, 이스라엘의 *종말론적eschatological 해방자이자 통치자였다. 예수는 자신에게 특별한 칭호를 거의 사용하지 않지만, 신약에서 메시아(헬. 크리스토스Christos)라는 명칭은 칭호이자 개인의 이름으로서 둘 다 예수에게만 속한다. 예수는 참으로 성령에 의해 기름 부음 받은 자였으며, 자신을 따르는 자들에게 성령을 부어 줄 수 있는 특권을 지닌 성령의 담지자였다.

면벌(부) indulgences 면죄(부), 대사(부) 교회에 바친 금전적인 기부는 죽은 사람이 *연옥purgatory(고통의 자리)으로부터 해방되어 천상의 지복으로 들어가도록 보증한다고 제안한 중세 로마 가톨릭 교회의 한 관례. 다른 관례들보다도 면벌부가 마르틴 루터에게 중세 로마 가톨릭 교회의 많은 가르침이 성경적 근거가 있는지 의문을 품게 했다. 이는 또한, 개신교 *종교개혁Reformation을 유발했으며, 루터가 아무런 인간의 공로 없이도 오직 그리스도에 대한 믿음에 기초하여 인간이 의롭다고 선언하게 하는 강력한 계기가 되었다. (로마 가톨릭, 대사. 천용은 "흔히 사용하는 '면죄부'라는 용어는 잘못된 번역"이라고 지적한다.ⓔ)

명제, 명제주의 proposition, propositionalism 명제란, 감각 관찰 같은 것을 통해 어떤 방식으로 확인될 수 있어서 과학적 연구의 주제가 될 수 있는 의미 있고 논리적인 진술(또는 주장)이다. 명제주의는 참임을 합리적으로 입증할 수 있는 일련의 명제들을 나열함으로써 신학적 진리를 제시하고 옹호한다. 명제주의는 기독교 신앙이 합리적이며 따라서 과학적으로 진술 가능한 차원이라는 것을 상기시켜 주는 중요한 도구다. 비판자들은 명제주의자들이 신앙을 인식론적 차원으로 축소해, 경이로움에 대한 감각, 하나님과 *구원salvation에 대한 놀라움과 신비, 인간 삶의 정서적·감정적·직관적 차원, 그리고 하나님과 타자에 대한 봉사의 삶에 대한 그리스도인의 헌신이라는 외적 행실의 중요성 등을 놓쳤다고 비난한다.

모더니즘 modernism 근대주의 기독교를 현대 시대 혹은 현대인의 관심사와 조화시키려는 시도. 로마 가톨릭 교회에서 모더니즘은 19세기 후반에 로마 가톨릭 전통을 당시의 근대 철학적·역사적·과학적·사회적 관점과 더욱더 밀접하게 연결하려고 했던 진보적인 운동이었고, 특별히 초자연적인 믿음을 평가절하했다. **참조.** *자유주의.

모더니티 modernity 근대성 *계몽주의Enlightenment로부터 이어져 왔으며, 계몽주의의 가치와 신념 체계를 반영하는 19세기와 20세기의 문화적 세계관. 모더니티는 이성만 사용하여 우리가 지식을(심지어 신에 관한 지식까지) 얻을 수 있으며, 그러한 지식과 더불어 인간이 진보하여 결국 유토피아적(이상적) 인간 질서라 할 수 있을 정도로 진보한다는 신념의 전형을 보여 준다.

모범론 exemplarism 범형론 예수의 생애와 사역은, 인간들이 자신들의 힘으로 얻을 수 없는 무엇을 적용하는 방식이라기보다는 오히려 하나님 앞에서 바르게 살 수 있는 방식에 대하여 인간들에게 모범을 제공한 것이라는 믿음. 대다수의 모범론 반대자는, 이 이론은 죄인의 상태에 있는 인간이 예수 그리스도의 인격과 삶을 구현해 낼 능력이 있음을 전제한다고 반박한다.

모형론 typology 상징이나 풍유와는 다른 형태로, 모형론은 실제 역사적 대상을 재현한다. 기독교 해석학에 따르면, 성경의 모형론은 *구속사salvation history 속에서 (주로 구약의) 실제 역사적 인물들이나 사건들과 나중의 유비적인 성취 간의 유사점을 다룬다. 종종 신약의 사건들과 인물들은 구약의 원형을 따라 모형론적으로 이해되거나 해석되곤 한다(예. 창조와 새 창조, 아담과 그리스도, 출애굽과 신약의 구원 개념들 등). 이러한 것들에 기초하여, 모형론은 중세 시대 성경 해석의 유명한 네 가지 방식들(문법적·유비적·영적 해석들과 더불어) 중 하나가 되었다.

목적론적 논증 teleological argument 세계는 우연의 결과가 아니라 '설계 명장'Master Architect의 작품임을 암시하는, 외견상 우주의 목적론적 질서로 보이는 것에 근거한 신 존재 논증. 목적론적 논증의 가장 중요한 옹호자 중에는 신학자 *토마스 아퀴나스Thomas Aquinas, *계몽주의Enlightenment 변증가 윌리엄 페일리William Paley, 1743-1805가 있다. **참조**. *다섯 가지 길.

몬타누스 운동 Montanism 몬타누스주의 2세기 무렵 그리스도의 *임박한imminent 재림을 강조하며 그 마지막 때를 기다리며 준비하는 동안 신실한 자들에게 엄격한 도덕을 강요했던 예언 운동. 몬타누스 운동이라는 명칭은 그 운동의 지도자인 몬타누스에게서 온 것인데, 그는 그 집단에서 선지자로 봉사하던 여러 명의 여자와 함께 그 운동을 이끌었다. 비록 그 운동의 지도자들이 성경의 권위를 약화하려는 의도로 예언을 한 것은 아니지만, 그럼에도 그 운동은 점차 부상하던 교회 권위에 의해 이단적인 것으로 간주되었다. 교회의 교부 *테르툴리아누스Tertullian도 결국 몬타누스 운동에 동참했다.

무로부터의 창조 creatio ex nihilo 크레아티오 엑스 니힐로 문자적으로, '무로부터의 창조'를 뜻하는 라틴어 문구. 아우구스티누스는, 하나님은 아무것도 선재하는 물질 없이 세상을 창조했다는 주장을 발전시킨 것으로 유명하다. 이는 대다수의 그리스 철학자들과는 대조되는 주장인데, 그들은 하나님의 창조 행위를 영원부터 존재하는 물질을 현재 세계 혹은 우주로 만들기 위한 하나님의 정돈God's ordering으로 생각했다. 무로부터의 창조 교리의 가치는 하나님과 창조된 질서 사이의 명백한 구별뿐만 아니라 하나님만이 영원한 지위를 지닌다는 점을 주장하는 데 있다.

무류성 infallibility 무오(류)성 사전에 결정된 목적을 성취함에 있어서 실패할 수 없는 존재의 특성. 개신교 신학에서 무류성은 흔히 성경과 관련된다. 성경은 궁극적으로 하나님과 인간의 *구원salvation을 계시하는 목적을 지니고 있기에 오류가 없을 것이다. 또한 로마 가톨릭 신학에서 무류성은, 그리스도의 몸의 지상의 대리자이자 최고의 스승인 교황의 권위 아래 있는 교회의 가르침(*교도권magisterium, *교의dogma)에까지 확장된다.

무신론 atheism 신이 없다고 단정적으로 선언하는 신념 체계. 무신론은 일반적으로 유일한 존재 양식은 물질 우주material universe이며 그 우주는 순전히 우연 내지는 운명의 산물이라고 주장한다. **참조**. *불가지론.

무염시태 immaculate conception 원죄 없는 잉태, 무흠잉태 예수의 어머니 마리아는 초자연적으로 원죄에 의한 오염으로부터 보호되어 하나님의 아들인 예수를 낳을 수 있었다는 로마 가톨릭의 가르침. 이 가르침은 처음에 13세기 *둔스 스코투스Duns Scotus가 제시했고 1854년 교황 피우스 9세가 로마 가톨릭의 공식 *교의dogma(즉 권위 있는 가르침)로 선포했다.

무오성 inerrancy 성경에 전혀 오류가 없다는 개념. 이 용어를 사용하는 신학자들은 모두, 적어도 인류에게 *구원의 필요성과 구원을 얻는 방법을 알려 주는 하나님의 말씀으로서 성경은 믿을 만하며 권위 있다는 성질을 무오성이 가리키고 있다는 점에서는 일반적으로 일치한다. 그러나 몇몇 신학자들은 과학이나 역사 같은 다른 주제들에 대해서도 성경이 가르치는 모든 것이 완전히 정확하다고 주장한다.

무정(성)無情(性), **아파테이아** impassibility, *apátheia* 무감수성(철학 변증학 용어 사전), 무감각성 시공간적 환경 특히 고통에 대한 경험과 그 여파에 영향을 받지 않는 특성으로, 보통 하나님과 연관된다. 오늘날의 많은 신학자가 신적 무정성의 개념을 거부하며 그것은 성경보다는 그리스 철학적 관심사를 반영한 것이라 주장한다. 그러나 성경은 분명히 어떤 방식으로든 하나님이 약속한 것에 대하여 신실치 못하게 될 정도로 흔들릴 수 없다고 가르친다. 그럼에도, 하나님의 완전한 현현인 예수 그리스도가 십자가에서 고통을 겪었다는 사실에 비추어 볼 때, 하나님과 완전한 무정성을 연결하는 것은 불가능해 보인다.

무조건적 선택 unconditional election 개별 사람들의 운명에 대한 예정으로 이해되는 *선택election은 단순히 그들이 예수 그리스도를 통한 *구원salvation을 자유롭게 수용하거나 거부할지에 대한 하나님의 예지가 아니라(일반적으로 *아르미니우스주의자Arminians는 이렇게 가르침), 하나님의 주권적이면서도 영원한 *작정decree에 근거한 것이라는 견해(*칼뱅주의자들Calvinists 사이에서 공통적임).

무천년설(주의, 론) amillennialism 요한계시록 20장에 언급된 천 년은 그리스도의 초림과 재림 사이의 특정한 시기를 나타내는 것이 아니라는 믿음. 대신에 무천년론자는 *천년왕국millennium은 교회 시대 동안 그리스도와 성도들의 천상 통치를 일컫는다고 믿는다. 무천년론자들은 통상적으로 요한계시록 20장이, 그리스도의 재림은 역사의 마지막에 일어날 것이며 교회는 현재 마지막 시기를 살아가고 있다는 것을 의미한다고 생각한다. **참조.** *전천년설; *후천년설.

무흠 impeccability 죄를 지을 수 없는 혹은 죄로부터 완전히 자유로운 특성. 무흠은 삼위일체 하나님에게만 참이며, 특별히 예수 그리스도의 지상적 생애와 사역에 주로 돌려지는 속성이다. 예수는 완전한 인간이었고 따라서 여느 인간들처럼 유혹의 압박을 받았지만, 동시에 완전한 하나님이었기에, 또한 유혹에 저항했기에 그는 무흠하다고 말할 수 있다.

묵시 apocalypse '감추인'을 뜻하는 헬라어로부터 유래. 신약의 가장 마지막 책 제목으로 사용되곤 하는 이유는(요한계시록 혹은 요한묵시록) 요한의 첫 구절 때문이다. "예수 그리스도의 묵시라"(아포칼립시스 이에수 크리스투*apokálypsis Iēsoû Christoû*).

묵시문학, 묵시주의 apocalyptic literature, apocalypticism 성경의 일부예. 다니엘 7-12장. 요한계시록는 '묵시문학'으로 분류되는데, 그것은 제2성전기에 대중화되어 신약 시대까지 이어진즉 약 주전 400년부터 주후 100년까지 유대문학의 한 장르이다. 묵시문학 저자들은 어떻게 세상이 종말을 맞이하고 하나님 나라가 악의 나라를 파괴하기 위해 어떻게 갑작스레 등장할지에 관한 '천상의 비밀들'을 드러내려고 했다. 또한 묵시문학 저자들은 환상, 꿈, 상징 등을 감추인 것을 드러내는 도구로 광범위하게 사용했다. 이러한 묵시주의는, 고대 사회든 현대 사회든, 어느 한 사회 속에서 억압받는 하위 그룹으로부터 발생한 사회 운동 내지는 이데올로기로 정의되며, 그 정의에 맞추어, 현재 일어나는 일들보다 미래의 실재를 보는 것을 더욱 중요하게 여김으로써 억압으로부터 해방되길 추구한다.

문서설 documentary hypothesis JEDP 이론으로 알려진 문서설은 19세기 구약학자 그라프Karl Heinrich Graf와 벨하우젠Julius Wellhausen의 작업 결과였다. 그들은 오경(구약의 첫 다섯 책)이 실제로 최소한 네 개의 각기 다른 자료들, 즉 J(야훼Jehova)자료, E(엘로힘Elohim)자료, D(신명기 사가Deuteronomist)자료, P(제사장Priestly)자료가 통합된 작품이라 주장했다. 이 가설은 모세를 오경의 단독 저자로 받아들이는 보수적인 학자들 사이에 커다란 논쟁을 불러일으켰다.

문자주의 literalism 번역에서든 해석에서든, 성경 본문에 대한 정확한 단어나 의미를 엄격하게 고수하는 것. 해석과 관련하여, 대체로 문자주의는 해석자가 판단하는 바 본문의 가장 순수하고 명백한 의미를 추구함으로써 저자의 의도를 파악하고자 한다. 번역에서는, 성경의 실제 의미를 다른 언어의 단어를 통해 극도로 정확하게 전달하려는 시도다.

미학 aesthetics (esthetics) 미의 본질을 정의하고 어떤 것이 아름답다고 평가될 수 있는지 그 시금석 혹은 기준을 밝혀내는 데 관심을 두는 철학 분야. 기독교 신학에서, '미'란 대체로 어떤 방식으로든 하나님의 고유한 특색 혹은 본성을 반영하는 것으로 정의된다. **참조.** *윤리학.

믿어지는 신앙 방식, 믿어진 신앙 내용 *fides qua creditur, fides quae creditur* 피데스 쿠아 크레디투르, 피데스 쿠아이 크레디투르 이 라틴어 용어들은 각각 문자적으로 "그로써 믿어지게 되는 신앙"the faith by which (it) is believed, "믿어진 신앙"the faith which is believed을 의미하며, 기독교 신앙의 내적·외적, 두 측면을 언급한다. 피데스 쿠아 크레디투르는, 하나님의 자기 계시가 수용되는 수단(즉 하나님을 신뢰하는 내적 태도)이고, 피데스 쿠아이 크레디투르는 하나님에 의해 계시된 실제 내용 내지 구성 요소(즉 하나님에 관한 어떤 진술들에 대한 지적 수용)다. 즉, 피데스 쿠아 크레디투르가 어떻게 하나님을 믿는지에 대한 질문에 답하는 것이라면 피데스 쿠아이 크레디투르는 하나님에 관하여 무엇을 믿는지에 대한 질문에 답하는 것이다.

바르트, 칼 Barth, Karl (1886-1968) 20세기 가장 영향력 있었던 신학자들 중 한 명인 칼 바르트는 *신정통주의neo-orthodoxy 또는 *변증법적 신학dialectical theology의 아버지로 인정되곤 한다. 바르트는 세 가지 기여를 한 것으로 유명하다. 첫째, 그는 하나님의 *내재immanence를 강조했던 자유주의자들에 반대하여 하나님의 절대적 *초월transcendence을 강조했다. 둘째, 그는 서로 상반되는 개념들, 곧 유한과 무한, 영원과 시간, 신과 인간 등의 충돌로부터 발생하는 진리들을 다루었다. 셋째, 그는 자신의 신학의 중심에 그리스도를 둠으로써 그보다 앞서 존재했던 인간 중심적인 자유주의 신학을 뒤집었다. (특히 로마서 주석은 그의 독특한 신학적 방법을 사용하여 당시 운동장에 폭탄을 던졌다는 평가를 받으면서 신학적으로 새로운 세기를 열었다고 할 수 있다. 정말 그것은 자유주의 신학의 시대를 거스르는 하나의 행동적 표현이었다. 그리고 바르트는 안셀무스의 표현(*이해를 추구하는 신앙 *fides quaerens intellectum*)을 따라 신학을 전개하였으며, 그 결과 『교회 교의학』*Die kirchliche Dogmatik*, 대한기독교서회이라는 비록 미완성이기는 하지만 대작을 남겼고, 화해를 핵심으로 하는 주기도문 강해와 신학적 윤리학에 대한 관심은 지금도 그가 주장하는 하나님의 명령을 화해의 맥락에서 이해하게 하며, *fiat justitia* 즉 은혜로우시고 자유로우시고 신실하시고 정의로우신 하나님의 명령을 실천하는 행동적 표현을 보여주었다. 맹용길ⓔ)

바실리오스, 카이사레아의 (대) Basil (the Great) of Caesarea (약 330-379) 카이사레아의 감독인 바실리오스는 *갑바도기아 교부들Cappadocian fathers로 알려진 세 명의 신학자들 중 한 명이다. 순종, 거룩, 사랑에 근거한 공동 수도원주의의 부흥에 영향을 미치기도 했지만, 그는 무엇보다 *삼위일체Trinity에 대한 정통 교리의 발전에 기여한 사람으로 회자된다. 그는 삼위일체 신앙을 수호하며, 한 우시아*ousía*에 세 휘포스타세이스*hypóstaseis*(휘포스타시스의 복수 표기ⓣ)라는 삼위일체에 대한 공식formula을 도입했다.

바티칸, 바티칸 공의회 Vatican, Vatican Council 문자적으로는 로마 도시 내의 한 영토를 말하며, 바티칸은 교황의 거주지를 형성한다. 한편, 상징적으로는 교황, 교황직 및 교황의 권위를 나타내기도 한다. 또한 오늘날의 통상적인 어법으로 이것은, 로마 가톨릭 신앙과 삶의 모든 면을 현대의 관심사 혹은 현대 시대와 조화를 이루려 했던 제2차 바티칸 공의회1962-1965를 나타내기도 한다.

반토대주의 nonfoundationalism 반정초주의 지식은 반론의 여지가 없는 어떤 제일원리들에서 나온 결론이 아니라는 견해(*토대주의 foundationalism를 보라). 대신에 반토대주의자들은 지식이 상호 연관되는 패턴(예. '믿음의 거미줄') 안에서 서로 들어맞아서 상호적으로 서로를 지지해 주는 하나의 믿음 체계로 구성된다고 논증한다.

반펠라기우스주의 Semi-Pelagianism 펠라기우스와 *아우구스티누스 Augustine 사이에 신학적 중간 다리를 놓기 위해, 혹은 주후 427-529년 사이에 제안된 교리들을 묘사하기 위해 후대에 사용된 단어. 반펠라기우스주의자들은, 신앙은 하나님의 은혜와는 독립적으로 시작되지만, 그러한 은혜는 나중에 *구원salvation을 위해 필연적이며 또한 *예정predestination은 단순히 하나님의 예지라고 주장한다. **참조**. *펠라기우스주의.

발출 spiration 기출(로마 가톨릭에서는 구분이 필요할 경우) 문자적으로는, '숨을 내쉼'이며, 이 용어는 성령이 성부(그리고 성자)로부터 *출래하는proceed 방식을 묘사하기 위해 사용된다.

방언 glossolalia '혀를 사용하여 말하다'를 의미하는 헬라어 복합어('말하다'를 뜻하는 랄레오*laleō*, '혀'를 뜻하는 글로사*glōssa*). 이전에 배운 적 없는 언어들을 말하는 초자연적인 능력을 뜻하는 방언은 오순절 날 일어난 것으로 성경에 처음 기록되었다행 2장. 사도 바울은 방언을 일부 그리스도인들이 받은 성령의 은사로 언급하며 교회의 교육을 위해 실천되어야 한다고 주장했다. 교회사 전체에 거쳐, 참된 방언은 사도 시대 이후 멈추었는지, 만약 그것이 정당한 은사라면 오늘날에도 시행되어야 하는지 등에 대한 논쟁이 계속되고 있다.

배교 apostasy 일반적으로 하나님을 믿는 신앙에서 벗어난 사람을 가리키는 성경적 개념. 보다 광의적으로 말해서, 배교는 다음처럼 네 가지로 정의되었다. (1) 언약을 지키지 못한 사람(유대교), (2) 교회로부터 벗어난 사람(로마 가톨릭), (3) 기독교에 대한 지성적 이해를 포기한 사람(*아우구스티누스주의Augustinianism, *칼뱅주의Calvinism), (4) 한 번 경험한 *구원salvation으로부터 멀어진 사람(*반펠라기우스주의Semi-Pelagianism, *아르미니우스주의Arminianism). 성경은 반복해서 그리고 분명하게 배교의 위험과 그 결과에 대해 경고한다. 히 6:4-8.

배상설 *속전설을 보라.

배타주의 exclusivism *구원salvation은 다른 종교나 신앙이 아니라 오직 예수 그리스도 안에서, 예수 그리스도를 통해서만 발견된다고 주장하는 이론. 또한 배타주의는 일반적으로 개인이 구원의 자격을 얻기 위해서는 그리스도를 믿어야 하고 명시적으로 *고백해야confess 한다고 주장한다. 결과적으로 배타주의는 예수 그리스도의 복음을 한 번도 듣지 못한 자들에 대한 구원의 가능성을 거절하는 경향이 있다. 참조. *포괄주의.

범신론 pantheism 헬라어로 '모든 것이 신이다'라는 뜻에 해당하며 ('모든'을 뜻하는 헬라어 '판'과 '신'을 뜻하는 '테오스'를 합성하여 만든 용어ⓣ), 하나님과 우주는 본질적으로 동일하다는 믿음. 더욱더 구체적으로 말하자면, 범신론은 특정 종교들, 특히 힌두교에서 발견되는 세계와 신적 실재 사이의 밀접한 관계의 이해에 대한 설명이다. 범신론의 다양한 형태 중 하나가 하나님을 우주의 '영혼'으로, 우주를 하나님의 '몸'으로 생각하는 것이다. 범신론적 종교들은, 종종 타자들과 그리고 신과의 불연속성에 대한 우리의 경험이 순전히 환영illusion이라고 제안한다.

범재신론 panentheism 만유재신론 하나님의 존재는 전 우주를 포함하며 동시에 전 우주에 스며 있기에 모든 존재가 하나님 안에서 존재한다는 믿음. *범신론pantheism과는 대조적으로, 범재신론자들은 하나님의 존재가 우주보다 더 크며 우주에 의해 소진되지 않는다고 주장한다. 하나님은 우주에서 일어나는 모든 사건에 영향을 받으며, 따라서 하나님의 지식은 변하고 또한 성장한다. 그러나 동시에 하나님의 인격적 온전함과 완전한 실재가 유지된다.

변증법(적) 신학 dialectical theology *신정통주의와 동의어로, 변증법적 신학은 일반적으로 20세기의 몇몇 신학자들, 즉 *칼 바르트Karl Barth, *에밀 브룬너Emil Brunner, *루돌프 불트만Rudolf Bultmann 등의 신학적 기여로 인해 주어진 명칭이다. 조금 더 구체적으로 말하자면, 변증법적 신학은 하나님과 인간의 질적 차이와 시간과 영원, 무한과 유한 등과 같은 상반되는 혹은 역설적인 개념들의 (변증법적) 상호작용에 칼 바르트가 중점을 둔 것을 가리킨다.

변증학 apologetics 호교론 간혹 '논쟁술'eristics이라고도 불리는 변증학은 기독교 신앙에 대해 형식을 갖춘 방어다. 역사적으로 기독교 신학자들은 변증이 복음을 제시하기에 적합한지 그렇지 않은지, 만약 적합하다면 어떻게 그것을 달성할 수 있는지 각기 다른 입장들을 보였다. 그들이 이러한 질문들에 대하여 어떤 답변을 했는가에 따라서, 변증학자들은 신 존재, 성경의 권위, 그리스도의 신성, 예수 부활의 역사성을 옹호함에 있어 이성적 논증, 경험적 증거, 예언의 성취, 교회의 권위, 신비적 경험 등에 호소해 왔다. **참조.** *논증학.

병재(설)竝在(說) concomitance 동반, 수반, 병존 로마 가톨릭 신학에서 그리스도는 성찬 시, 성물인 빵(그리스도의 살)과 포도주(그리스도의 피) 안에 육체적으로 임재한다는 믿음. 병재설은 결국 우연히 포도주가 쏟아지는 경우 그리스도를 훼손할 수 있다는 이유로 *평신도laity에게서 잔을 받지 못하게 하는 데 사용되었다.

보속補贖 expiation 보상, 속죄, 속상贖償 '덮음'으로써 죄가 취소되었다는 믿음. 그리스도인에게 보속은, 그리스도의 죽음이 우리의 죄를 덮었음을 의미한다. 성경학자들은 헬라어 힐라스코마이hiláskomai가 신의 진노를 돌리기 위한 '달램'[*화목(제)propitiation]으로 번역될 수 있는지 아니면 죄를 덮는 혹은 빚을 취소하는 의미의 '보속'으로 번역될 수 있는지를 두고 논쟁한다. 힐라스코마이는 때때로 단순히 속죄소(시은좌mercy seat)로 번역되곤 한다.

보편 구원론 universalism 보편주의, 만인구원론 역사적으로 '아포카타스타시스'apokatástasis로 알려졌으며, 모든 사람이 구원될 것이라는 믿음. 따라서 보편주의는 보편 *구원salvation에 대한 확언과 영원한 형벌에 대한 부정을 포함한다. 보편 구원론자들은 궁극적으로 모든 인간은 어떤 방식으로든 그리스도와 연합할 것이며, 시간의 완성 안에서 죄의 형벌로부터 해방되어 하나님에게로 회복될 것이라고 믿는다. 20세기 보편 구원론자들은 종종 예수의 신성을 거부하고 모든 종교의 '보편적' 토대를 탐구한다. **참조**. *아포카타스타시스.

보편적 catholic 가톨릭 문자적으로는, '우주적' 혹은 '세계적'을 의미하는 용어. 이 단어는 로마 가톨릭과 가장 자주 관련된다. 그러나 원래는, '하나의 거룩하며 보편적이고 사도적인 교회'를 믿는다고 고백하는 여러 초기 기독교 신앙고백서에 나타나는 정형적인 문구를 통해, 기독교 신학에서 표준화된 단어다. 교회의 보편성을 주장한다는 것은 곧 교회의 범위가 우주적이라고 주장하는 것과 같다. 다르게 말하자면, 교회는 특정 종족 집단이나 지정학적 위치에 제한되지 않으며, '유대인이나 헬라인이나, 종이나 자유인이나, 남자나 여자나'갈 3:28 모두에게 열려 있으며, 교회의 복음 메시지는 '모든 민족'을 향한 것이다.

복음전도 evangelism 비기독교인비그리스도인에게 복음을 전하는 활동. 예수 스스로도 복음을 전했고, 특별히 몇몇의 예외를 제외하고예. 마 15:21-28; 요 4:1-42, 주로 자신의 백성인 유대인요 1:11에게 구원을 선언했다. 예수는 자신의 사역 기간 동안, 사마리아인이나 이방인이 아니라 유대인에게 복음을 전하도록 제자들을 파송했다마 10:5-6. 사역의 절정에서, 예수는 성령의 권능으로행 1:8 제자들을 삼으라는 전 세계적인 대위임령마 28:18-20을 내렸다. 그러므로 교회는, "믿음은 들음에서 나며, 들음은 그리스도의 말씀으로"롬 10:17 말미암는다는 것을 인지하고 모든 곳에서 복음을 선포한다.●

● 출처: Gregg R. Allison, *The Baker Compact Dictionary of Theological Terms*, Baker Books, 2016. Baker Books의 허락을 받아 사용함.ⓒ

복음주의적, 복음주의, 신복음주의 evangelical, evangelicalism, neo-evangelicalism '좋은 소식' 혹은 '복음'을 뜻하는 헬라어 '유앙겔리온'*euangélion*으로부터 온 용어들. 가장 일반적인 의미로 '복음주의적'이라는 표현은 의미상 예수 그리스도의 인격과 사역을 통한 *구원salvation의 가능성을 선포하는 기독교 메시지의 본질적인 핵심에 대한 관심이 그 특징이다. 더욱더 구체적으로 복음주의는 그리스도와 그의 십자가 사역에 대한 믿음을 통한 개인 *회심conversion의 경험 및 기독교 신앙과 실천의 무오한 안내서로서 성경의 권위에 대한 헌신을 강조하는 초교파적이고 국제적인 운동을 가리킬 때 사용된다. 신복음주의는 1940년대에 처음으로 일어난 북미 그리스도인들의 특별한 운동으로 분류될 수 있다. 신복음주의자들은 처음에 복음의 개인적 차원뿐 아니라 사회적 차원, 즉 사회적으로 억압받는 자들에게 정의를 시행하고 신체적으로 고통당하는 자에게 돌봄과 안녕을 제공해야 할 필요성을 주장했다.

본성교류, 사역의 교류 *communicatio idiomatum, communicatio operationum* 본성의 교체, 사역의 상호전달 '코무니카티오 이디오마툼'은 본성교류를 나타내는 라틴어다(박형룡은 속성전달로 번역함. 신어사ⓔ). 이 가르침에 따르면, 완전한 하나님이자 완전한 인간으로서의 예수의 위치는, 신성이나 인성의 특질을 혼합하지 않고, 예수의 인성에 해당하는 사실은 그 무엇이라도 그의 신성에도 해당하는 사실이며 그 역도 성립한다는 것을 암시한다. 예를 들어, 만약 고통을 느끼는 예수가 또한 하나님이라면, 예수 안에서 하나님이 고통을 당했다는 결론이 도출될 수 있다. '코무니카티오 오페라티오눔'(사역의 교류)은 그리스도의 신성의 모든 사역 혹은 행위가 동시에 그의 인성의 사역이며 또한 그 역도 성립한다고 주장하는 것이다. 요약하자면, 이 두 표현은 예수가 둘이 아니라 한 인격이며, 또한 그 인격은 인간이자 신이라는 사실을 수호하려는 의미를 지닌다. 따라서 그리스도가 실제로 행한 모든 것은 한 신-인God-man의 단일한 행위다.

본질, 에센티아 essence, *essentia* 문자적으로 '존재하다'를 뜻하는 라틴어 동사 '에세'*esse*로부터 온 용어다. 본질은 사물의 근본적인 속성으로, 그러한 속성을 제외하면 그 사물일 수 없는 그런 속성이다. 따라서 본질은 그것이 다른 것이 아니라 바로 그것이게끔 하는 핵심적인 것이다. 라틴어 '에센티아'는 하나님의 본성을 언급할 때, 특히 각 위격들(성부, 성자, 성령)이 동일 '본질'을 공유하고 있다고 말해지는 *삼위일체Trinity를 둘러싼 논쟁에서 중요하게 되었다.

본회퍼, 디트리히 Bonhoeffer, Dietrich (1906-1945) 제2차 세계대전 기간 중 나치 정부에 저항했던 독일 신학자. 본회퍼는 끝내 독일 강제 수용소에서 전범戰犯으로 처형당했다. 그는 일반적인 신학적 의식에 여러 독특한 개념들을 들여온 것으로 잘 알려져 있다. 이 중에는 '값싼 은혜', '비종교적 기독교'religionless Christianity, '성숙한 세계'the world come of age 등이 포함된다. 불행하게도 본회퍼는 자신의 작업을 완성할 만큼 오래 살지 못했기에, 그러한 문장들이 무엇을 의도한 것인지에 대해서는 논란이 있다.

부정신학 *침묵(의) 신학을 보라.

부패, 전적 부패 depravity, total depravity 부패는 하나님과 인간의 관계에 해를 끼칠 뿐 아니라 인간 본성을 오염시킨 것 둘 다를 가리키는 것으로 그로 인해 모든 인간에게는 지속적으로 죄를 추구하는 경향이 있다. 전적 부패는 모든 인간이 *구원salvation을 얻는 데 아무것도 할 수 없게 만드는 죄의 영향의 범위 및 포괄성을 가리킨다. 따라서 전적 부패는, 인간은 완전히 죄로만 가득 찬 존재를 의미한다기보다는, 오히려 인간에게는 자신을 구원할 수 있는 능력이 전혀 없음을 의미한다. 전적 부패는 또한 *타락Fall의 영향이 인간 실존의 모든 차원으로 확장되며, 따라서 우리는 우리의 모든 능력(예를 들어 이성)이 타락한 상태에서 수행될 수밖에 없기에 그것들을 감히 신뢰할 수 없다.

부활 resurrection 하나님이 예수를 죽음에서 일으켰다는 기독교 신앙의 중심이자 기독교 신앙을 정의하는 교리. 죽은 자의 부활은 예수의 육체적인 부활에 근거한 약속으로, 모든 신자는 언젠가 부활 시에 예수 그리스도와 연합할 것이다. 즉 신자들은 하나님과의 영생을 누리기에 알맞은 '영적'인 몸과 더불어 도덕적으로도 물리적으로도 새롭게 될 것이다.

부흥운동 revivalism *종교개혁Reformation, *경건주의Pietism, 영국 *청교도 운동Puritanism에서 그 뿌리를 찾을 수 있으며, 18세기 말에서 20세기 초에 그 절정에 달한 교회 속에서 일어난 역사적 운동. 부흥운동은 개인적 *회심conversion 사건에 인간의 합리적인 차원과 감정적인 차원이 관련되는 것이 복음을 듣고 수용하는 적절한 반응이라고 강조한다. 종교적 실천 유형 중 하나인 부흥운동은 종종 가스펠 음악, 성경 설교, 개인에 대한 강력한 감정적인 호소, 개인적이면서도 공적인 반응을 추구하는 거대한 집회를 포함한다.

분석 철학 analytical philosophy 20세기 초, 명제가 무언가를 '의미하는' 방식을 이해하고자 했던 철학적 운동. 초기 분석철학자들(예. A. J. 에이어A. J. Ayer)은 명제들이 어떤 방식으로든, 적어도 이론상 증명될 수 있거나 반증될 수 있을 때에만 의미를 지닌다고 주장했다. 이는 종교적·윤리적·시적 명제들이 증명될 수도 혹은 반증될 수도 없다는 점에서, 그것들이 무의미함을 함축한다. **참조.** *논리 실증주의.

불가지론不可知論 agnosticism 문자적으로 '지식 없음'을 의미하며, '…없는'을 의미하는 '아'a와 '지식'을 의미하는 '그노시스'gnosis라는 두 헬라어에서 취한 용어. 보다 공식적인 의미로, 불가지론은, 종교적 진술들에 대한 개인의 견해(예. '신은 존재한다' 등)는, 그러한 진술들이 무의미하게 보이거나 혹은 증명될 수도, 반박될 수도 없는 것들로 여겨지기에, 보류된다는 신념 체계를 가리킨다. **참조.** *무신론.

불가타 Vulgate(영), Vulgata(라) 대중 라틴 말 성경(로마 가톨릭) 히에로니무스예로니모(로마 가톨릭); Hieronymus(라); 제롬Jerome(영), 약 347-420이 완성한 라틴어 성경 번역. 불가타는 *트리엔트 공의회Council of Trent, 1546가 로마 가톨릭 교회의 '공식 성경'official edition으로 선언했다.

불가항력적인 은혜 *은혜, 불가항력적인을 보라.

불멸(설), 조건적 conditional immortality 인간 영혼의 영존永存은 그것을 유지시키는 하나님의 자비로운 행위에 의존한다는 믿음. *조건적 불멸immortality을 주장하는 사람들은, 인간 영혼은 선물로서 영생을 받았고, 영생의 선물을 받지 못한 사람들(즉 구원받지 못한 사람들)은 사후 언젠가, 즉 죽음 직후 혹은 최후 심판 이후 소멸할 것이라고 생각한다. **참조.** *영혼소멸설.

불멸성 immortality 아주 단순하게 말하자면, 소멸할 수 없는 혹은 영원히 존재할 수 있는 능력. 이러한 의미에서, 하나님만이 진정으로 불멸의 존재다. 왜냐하면 하나님은 항상 존재하며 소멸하지 않을 것이기 때문이다. 그러나 일부 신학자들은 인간의 영혼은 하나님에 의해 본질적으로 불멸하는 존재로 창조되었다고 주장한다. 하지만 또 다른 신학자들은 영혼은 *구원salvation을 통해 '영생'을 받은 후에 외적으로 불멸을 덧입는다고 주장한다. 어느 쪽이든 모든 인간은, 의인이든 악인이든, 죄의 결과로 물리적 죽음에 종속되어 있으므로 그들의 지상의 삶에 관해서는 모두가 유한하다는 데 동의한다. 인간이 소유한 불멸이 어떤 종류이건, 그것은 하나님의 뜻과 능력에 의한 것이다.

불변성 immutability 변화나 발전을 겪지 않는 특성. 하나님에 대한 어떤 해석들은 신적 실재가 어떤 방식으로든 변화를 겪을 수 없다고 상정한다. 그러나 어떤 신학자는 이 개념은 성경의 가르침이라기보다 그리스 철학자들의 영향으로 인한 것이라 주장한다. 오늘날 많은 신학자가 하나님의 영원하고 불변하며 신실한 성품을, 시공간이라는 상황 속에서 변화하는 인간에게 다양한 방식으로 반응하는 하나님의 능력과 구별한다.

불트만, 루돌프 Bultmann, Rudolf (1884-1976) 독일 마르부르크 대학교 교수였던 불트만은 20세기 가장 영향력 있는 신약학자 중 한 명이었다. 그는 복음서에 대한 양식 비평form critical, *Formgeschichte* 접근방식의 선구자였는데, 이는 결국에는 복음서의 실제 본문이 된, 초기 교회의 구전 어록과 사건들을 드러내고자 하는 방법이다. 또한 그는 '탈신화화'demythologizing로 잘 알려져 있는데, 이는 성경 저자들이 전제했던 고대 '신화들'이 무엇인지 밝히고 그것들을 현대 용어로 번역해 내는 것이다. 불트만에게 이것은 실존주의 철학자 마르틴 하이데거Martin Heidegger가 발전시킨 범주들을 사용하여 신약을 해석하는 것과 같았다. 예를 들어, 불트만은 죄라는 '원시 개념'을 '비본래적 실존'inauthentic existence으로, *구원salvation을 '본래적 실존'authentic existence으로 재진술한다.

브룬너, 에밀 Brunner, Emil (1889-1966) 칼 바르트와 더불어 *신정통주의neo-orthodoxy 혹은 *변증법적 신학dialectical theology이라 불리는 운동에 참여했던 영향력 있는 스위스 신학자. 브룬너는 예수 그리스도를 단지 존중받을 만한 고귀한 인간으로만 보는 자유주의 신학의 초상을 거부했다. 대신에 브룬너는 예수가 성육신한 하나님이며 *구원salvation의 핵심이라고 가르쳤다. 또한 브룬너는 인간에 대한 하나님의 주권과 하나님의 구원에 대한 인간의 자유로운 수용 사이에 그리스도가 서 있다고 진술하면서, *아르미니우스주의자Arminian와 *칼뱅주의자Calvinist 간의 계속되는 논쟁에서 중도적인 입장을 찾고자 노력했다. 브룬너가 그리스도의 중심성을 적절하게 재강조했음에도, 대개 보수적인 신학자들은 성경의 특정한 '기적적인' 요소를 브룬너가 반대한 점과 성경 영감설의 유용성을 문제시한 점을 포함해 브룬너의 여타의 사상을 수용하기를 주저해 왔다.

비위격 anhypostasis 성육신한 그리스도는 어떤 특정한 인간을 취한 것이 아니라 '종'의generic 의미로 인성을 취한 것이라는 신앙. 그러므로 나사렛 예수는 '새로운 인간'이 아니라 모든 면에서 인간과 '닮은' 존재다. 전통적으로 교회는 비위격적 이론을 그리스도의 인성에 대한 부적절한 설명으로 여기고 거부했다. **참조**. *휘포스타시스, 위격적 연합.

비잔티움 Byzantine 비잔틴 1453년 이슬람 군대의 침략으로 함락된 고대 그리스 도시 비잔티움(주후 330년에 콘스탄티노플로 이름을 변경함)과 관련되는 것. 비잔티움 신학은 동방 신학의 풍미를 독특하게 풍긴다. 비잔티움 신학자들은 *구원salvation을 사법적 과정으로 보는 서방의 시각과 달리, 구원을 '신화'神化. deification로 강조한다. 또한 비잔티움 신학은 교부 사상 전통을 재해석하는 데 전념했다. 비잔티움 신학자들은 점점 더 스스로를 서방의 새로운 사고들에 직면하여 참된 신앙을 유지하려는 사람으로 여긴다.

비평(성경 비평, 정경 비평, 양식 비평, 편집 비평) criticism (biblical, canonical, form, redaction) 역사, 언어, 문화, 문학의 성격에 대한 현대 과학의 통찰력들을 사용하여 본문을 해석하는 모든 방법을 가리킬 때 사용되는 용어. 보다 특별히, *성경 비평biblical criticism은 후대의 신학 전통들과 상관없이 기록된 그 본래 역사 배경을 추적하며, 본문의 본래 의미를 밝혀냄으로써 성경을 해석하려고 시도한다. 이와 대조적으로 *정경 비평canonical criticism은 정경화되기 이전의 양식과 역할 속에서 책을 이해하려 하기보다는 신학적으로 통일된 책들의 모음집으로서의 성경의 최종 형태를 고려하여 그것을 해석하려고 시도한다. 양식 비평Formgeschichte(양식사)은 본문으로 기록되기 이전에 그 배후에 있는 원래 자료들을 추적하려는 시도로, 또한 구전 전승 및 구전 전승 과정에서 성경 구절scriptural sayings로 덧붙여진 자료층을 밝혀내려고 한다. *편집 비평redaction criticism은 저자의 신학과 배경을 파악하기 위해 작가 혹은 편집자(예. 복음서 저자)가 자료를 사용한 방식을 식별하려는 시도다.

사도, 사도성 apostle, apostolicity 헬라어 '아포스톨로스'*apóstolos*에서 유래한 '사도'는 기본적으로 '보냄받은 자'를 말한다. 그리스도의 추종자들 중, 그리스도가 직접 선택한 열두 명은 '사도'로 임명되었다마 10:2-4; 막 3:14; 눅 6:14-16. 이러한 열둘, 그리고 그와 더불어 '만삭되지 못하여 난'고전 15:8 바울은 교회 설립의 기초가 되었고 초대 교회에서 권위 있는 인물로 활동했다. 결과적으로 사도성이라는 개념은 '교회의 신앙 및 실천'이 '사도들에게로 귀속되는 신약성경의 권위 있는 가르침'에 일치하는지에 관한 것이다. (사도 전례성 혹은 전승성, *apostalicitas*. 천용ⓔ)

사랑 love 기독교 전통에서, 사랑(특히 아가페*agapē*)은 하나님의 본질적 성품의 표현이며 하나님과 인간 사이의 관계의 완전한 정의이자, 성령의 내주로 형성되어 하나님 및 다른 이와 관계하는 기독교 공동체에 반영된 하나님의 초자연적 덕이자 특징이다. 이러한 사랑과 하나님 자신의 성품의 연결은 기독교가 사랑에 초점을 맞추게끔 한다. 사랑은 기독교 제자도의 근본적인 특징이며, 따라서 기독교 *윤리ethics의 근본적인 특징이기도 하다. 많은 기독교 사상가들은 사랑의 *본질essence은 타자를 위해 자신을 조건 없이 내어 주는 것으로 본다.

사벨리우스주의 Sabellianism 3세기 초 사벨리우스의 이름을 딴 삼위일체 교리와 관련된 이단. 사벨리우스는 한 하나님이 자신을 구속사 속에서 연속적으로 처음에는 성부(창조자이자 입법자)로, 다음에는 성자(구속자)로, 마지막으로는 성령(유지자, 은혜의 수여자)으로 계시했다고 가르쳤다. 따라서 사벨리우스에게는, 기독교의 삼위일체와 같은 세 위격이 아닌 단일한 신적 위격만이 있다.

사신 신학 운동 death of God movement 신 죽음의 신학 운동 1960년대 개신교 신학자 토머스 J. J. 알타이저Thomas J. J. Altizer, 윌리엄 해밀턴William Hamilton, 폴 반 뷰렌Paul van Buren이 대중화한 신학 운동으로, 전통적인 신 관념은 더 이상 현대인의 삶에 의미 있는 역할을 할 수 없다고 주장했다. 그 운동은 대중 매체에 의해 매우 대중화되었으나 그 수명은 상대적으로 짧았다.

사제 중심주의 sacerdotalism 로마 가톨릭 전통에서, 특별히 중세에 선포되었던 것으로 하나님과 인류 사이의 본질적인 중재자로 지상 사제들의 권한에 대한 강조. 사제 중심주의는 서품(*임직ordination)의 효력으로, 사제들은 성령의 능력gifting of the Spirit을 소유하여 자신들이 평범한 물리적 요소들(물, 빵과 포도주)을 은혜의 수단으로 바꿀 수 있다고 가르친다.

사탄 속전설 *속전설을 보라.

사효론, 인효론 *ex opere operato, ex opere operantis* *성례sacraments의 유효성에 대한 논쟁을 언급하는 데서 사용되는 두 개의 라틴어 표현들. 엑스 오페레 오페라토(사효론)는 문자적으로 '집행된 것으로부터'라는 의미로, 성례 그 자체가 그것의 목적을 성취하는 데 유효하다는 점을 시사한다. 이 유효성은 그 집례로부터 오는 은혜 수혜자의 믿음에 의존하지 않는다. 더욱이 그 개념은, 성례 그 자체는 비록 죄인이, 심지어 교회에서 *임직되지ordained 않은 사람이 집례할지라도 유효함을 주장한다. 엑스 오페레 오페란티스(인효론)는 문자적으로 '집례하는 사람의 그 집례로부터'를 의미하며, 성례는 적절하게 임직된 교회의 사역자나 사제(성품을 받은)가 바르게 집례할 때에만 유효하다고 주장한다.

사후 복음전도 postmortem evangelism 복음 메시지가 어떻게든 이 생애에서 복음을 듣지 못했던 사람들이 죽은 뒤에 그들에게 전달될 수 있다는 믿음. 이러한 사람들은 복음에 대한 그들의 반응에 따라 구원될 수도 있고 되지 못할 수도 있다. (제2의 기회 이론Second Chance Theory이라는 용어로도 쓰인다.ⓔ)

삼분설 trichotomism 인간 본성을 셋, 즉 몸body, 혼soul, 영spirit으로 구분하는 이해 방식예. 살전 5:23; 히 4:12. 삼분설에 따르면, 인간 존재의 일부인 영spirit은 하나님을 아는 능력으로, 인격의 좌소seat인 혼soul과는 구별된다. 종종 삼분설자로 분류되는 자들 중에는 교회 교부 *이레나이우스Irenaeus와 19세기 성경학자 프란츠 델리치Franz Delitzsch가 있다. 이 견해는 또한 스코필드 관주 성경Scofield Reference Bible에서도 발견된다.

삼신론 tritheism 연합되어 있으나 구별되는 세 위격인 한 하나님(*삼위일체Trinity)이 아닌, 각기 다른 세 신(성부, 성자 성령)을 믿는 왜곡된 믿음.

삼위일체 Trinity 하나님을 '셋-하나'triune로 보는 기독교적 이해. 삼위일체는 하나의 신적 본성이 세 위격으로 된 하나의 연합임을 의미하며, 또한 세 개의 구별된 위격, 곧 성부, 성자, 성령으로 계시됨을 의미한다. 기독교의 삼위일체 교리의 궁극적인 기초는, 성자로서 성부를 계시하고 성령을 부어 주는 예수 안에서의 하나님의 자기 드러냄에 놓여 있다. **참조**. *삼위일체, 경륜적; *삼위일체, 내재적.

삼위일체, 경륜적 economic Trinity 경세적 삼위일체 세상과의 관계 속에서, 특별히 *구원salvation에 대한 하나님의 외적인 계획(혹은 경류)과 관련하여 *삼위일체Trinity의 세 위격들이 드러남을 언급하는 용어. 따라서 경륜적 삼위일체는 하나님이 세 위격으로서 세상과 관계 맺는 방식을 말한다. 그 결과 삼위일체의 위격들이 상호 관계를 맺는 방식(*삼위일체, 내재적immanent Trinity)을 이해하기 위한 성경적 배경을 제공해 준다. 삼위일체를 둘러싼 현대 신학적 질문 중 가장 중요한 것은 이것이다. "하나님과 세상의 관계(경륜적 삼위일체)와 하나님의 영원한 내적 관계(내재적 삼위일체) 사이에 차이가 존재하는가?"

삼위일체, 내재적 immanent Trinity 다소 불완전한 면이 있지만, *삼위일체Trinity의 세 위격들 간의 내적 사역과 관계를 탐구하고 설명하기 위해 사용되는 용어. 내재적 삼위일체에 관한 진술들은, 피조 세계를 상대하는 하나님과는 다른, 표현할 수 없는 하나님의 신비를 언어로 표현하려고 시도한다. 따라서 "내재적 삼위일체는 영원토록 하나님으로 존재하는 하나님이다"the immanent Trinity is God-as-God-is throughout eternity. 성경은 예수와 성부가 하나이며요 10:30, 성령은 하나님과 그리스도의 영이라고고전 2:10; 3:17-18 주장한다. 또한 성경은 사랑이 바로 내재적 삼위일체의 *본질essence이라고 주장한다요 17:23-26; 요일 4:8, 16. **참조.** *삼위일체, 경륜적.

삼위일체의 흔적(베스티기움 트리니타티스) vestigium trinitatis '*삼위일체Trinity의 흔적들'을 가리키는 라틴어로(아마도 *아우구스티누스Augustine에게서 기인한 것으로 보이는), 창조된 존재의 삼중적 구조와의 연관성으로부터 삼위일체에 대한 유비를 끌어내는 것. 예를 들어, 아우구스티누스는 인간 인격 안에서 자기 사랑, 자기 이해 등으로부터 삼위일체의 흔적을 본다.

상관관계의 방법 method of correlation 오늘날의 철학적 혹은 문화적 질문들과 신학적 진리를 함께 연결하기를 혹은 다루기를 추구하는 신학적 방법론. 이 방법을 사용하는 신학자는 이러한 질문이 인간이 탐구하는 진리와 기독교 신앙의 계시된 진리 사이에 '접촉점'을 제공한다고 믿는다. *폴 틸리히Paul Tillich(아마도 이 표현을 고안한)에 따르면 철학은 질문을 불러일으키며 인간이 공유하는 실존적인 관심사를 반영하는 문제를 제기한다. 그리고 뒤이어 신학은 그러한 질문들을 파악하고 문화적인 적절성과 본래 기독교 메시지에 충실한 방식으로 그러한 질문들에 답하기를 추구한다.

상대주의 relativism 인간이 객관적이고 보편적으로 의미 있는 지식을 소유할 수 있고, 궁극적이고 변하지 않는 *형이상학적metaphysical 실재들(하나님, 인격, 공간, 시간, 자연법칙)이 존재하며, 절대적인 도덕이 존재한다는 것을 부정하는 이론. 따라서 의미와 진리는 문화와 역사에 따라, 각 사람, 상황, 관계, 결과에 따라 상대적이다.

상호(침투)내재 circumincession 페리코레시스perichoresis라고도 하는 신학적 개념으로, 세 위격의 특징들을 흐릿하게 만들지 않는 방식으로 신적 *본질essence이 *삼위일체Trinity의 세 위격, 각각에 의해 공유된다는 것을 확언하는 표현. 이 개념을 확장한다면, 이는 세 위격 중 하나에게 속한 모든 본질적 특징이 다른 두 위격과도 공유된다는 것을 암시한다. 또한 상호(침투)내재는 삼위일체의 위격 중 하나의 행위가 완전하게 다른 두 위격의 행위라는 점을 확언한다.

상호내주 coinherence *상호(침투)내재를 보라.

상황화 contextualization 고대의 성경의 메시지와 가르침을 현대인에게 친숙한 언어, 비유, 이미지를 사용하여 전달하려는 과정. 상황화는 신학자가 복음 메시지의 *본질essence을 잃지 않고 성경의 언어를 어느 정도까지 바꾸어 전달할 것인가에 대한 질문을 발생시킨다. 또한 상황화는 기독교 공동체가 비기독교 문화권에서 복음을 살아 내야 하는 방식들을 알아내기 위한 하나의 시도이기도 하다.

서설 *프롤레고메논을 보라.

선교 mission 교회론과 관련하여, 예수는 모든 민족을 제자로 삼으라는마 28:18-20 명령을 자신의 교회에 내렸다. 하나님 자신이 바로 선교적인 하나님으로서, 자신의 형상을 담지한 자들을 창조하고, 그들이 타락하도록 허용하고, 이스라엘 백성을 선택하고 해방하고 메시아를 통하여 전 세계적인 구원의 계획을 펼침으로써 선교를 시작했다. 성부는 성자에게 성육신하여 구원을 성취하도록, 성자는 그 뒤를 이어 어떻게 구원이 승인되는지요 20:19-23 선포하도록

자신의 교회에 명령을 내렸다. 그러므로 교회는, 존재와 행위 등 모든 점에 있어서 선교 지향적이다.●

선취 prolepsis 예기 미래의 행위 내지는 전개될 일을 현재 존재하거나 혹은 이미 성취된 것으로 간주하는 종말론적 전망. 선취적 행동은 종말 이전의 역사 속에서 벌어지는 종말론적인 사건이다. 따라서 예수의 부활은 현시대의 종말을 나타내는 모든 자의 부활의 선취다. **참조.** *종말, 종말론.

선택 election 하나님의 선한 목적을 이루기 위해 개인 혹은 백성에 대한 하나님의 선택을 가리킬 때 사용되는 성경의 언어. 일반적인 어법으로, '선택'은 특정 봉사를 시키기 위한 어느 개인에 대한 하나님의 선택을 가리키지만, 더욱더 특수한 의미로 '선택'은 예수 그리스도를 통한 *구원salvation을 받게 하기 위한 어느 개인에 대한 하나님의 선택을 가리킨다. 선택 교리는 특히 *종교개혁Reformation 이후, *칼뱅주의Calvinist와 *아르미니우스주의Arminian 신학 간 논쟁의 주제였다. 또 다른 신학자들(예. *칼 바르트Karl Barth)은 칼뱅주의-아르미니우스주의 간의 논쟁을 피하고자, 하나님의 선택은 구원받을 개개인에 대한 선택이라기보다는 무엇보다 바로 그리스도에 대한 선택이라고 주장했다.

선행 은혜 prevenient grace 인간의 편에서 볼 때 하나님의 은혜로운 주도권의 우선성에 대한 명칭. 따라서 이 용어는 그리스도의 인격과 사역에서 보이는 하나님의 은혜로운 행위를 가리키지만, 하나님의 주도권에 대한 모든 인간의 반응에 선행하는 성령의 작용을 통해서 인간의 삶에 나타난다. 칼뱅주의자들은 선행 은혜를, 하나님이 신자들을 구속하고 성화시키고 또한 영화롭게 하는 특별 은혜의 한 측면으로 본다. 따라서 그것은 오직 예수 그리스도 안에서 믿음을 통해 영생을 얻기로 하나님이 택한 자들에게만 부여된다. *웨슬리Wesley에게 있어서(따라서 많은 *아르미니우스주의자들Arminians에게 있어서) 선행 은혜는 모든 사람의 마음에서 일하는 성

● 출처: Gregg R. Allison, *The Baker Compact Dictionary of Theological Terms*, Baker Books, 2016. Baker Books의 허락을 받아 사용함.ⓒ

령의 사역으로, 성령은 그들에게 복음에 '예'라고 답할 자유를 주신다. 따라서 선행 은혜는 수용될 수도, 거부될 수도 있지만 *칭의justification는 선행 은혜 없이 성취될 수 없다.

선험적 *a priori* *후험적을 보라.

설교학 homiletics 설교를 준비하고 전달하는 목적과 과정을 이해하기 위한 신학의 한 분야. 설교학은 설교자, 설교, 청중의 입장을 통합시키기를 추구한다. 또한 설교학은 설교를 위해 설교자 자신을 영적으로 준비시키도록 돕고, 성경에 신실한 설교를 하도록 설교자를 발전시키며, 문화적으로 적절하게 설교가 전달되도록 설교자에게 도움을 준다.

섭리 providence 비록 '섭리'라는 단어는 성경에 나오는 용어가 아니지만, 구약과 신약 모두 인간 역사의 창조 질서 안에서 그리스도를 통한 하나님의 목적의 은혜로운 외적 사역에 대한 이해를 나열한다. 이 세계와 인간은 우연이나 운명이 아닌 하나님에 의해 다스려지며, 하나님은 역사와 피조 세계를 궁극적인 목적으로 이끈다. 따라서 섭리란, 작정한 거룩한 목적으로 그 피조 세계를 이끌기 위한, 인간의 행위 및 인간의 역사에 대한 하나님의 감독 행위를 가리킨다.

성(만)찬 Eucharist 헬라어 유카리스토 *eucharistō*('감사하다')로부터 온 용어로, 이 단어는 교회 전통 안에서 교회의 중심적 의식 중 하나, 즉 그리스도가 십자가에 달리기 전에 혹은 십자가 사건 그 자체를 기념하기 위해 제자들과 함께 마지막으로 저녁 식사한 것을 지속적으로 기념하는 것을 가리킬 때 사용된다. 흔히 말하는 성찬은 그리스도의 구속 사역에 대하여 하나님께 감사하는 축하 행사다. 로마 가톨릭에서는 성찬전례(미사), 성공회에서는 성찬례 혹은 감사 성찬례, 개신교에서는 대체로 *주의 만찬Lord's Supper, *교제(성찬식)Communion, '빵을 뗌' 등으로 칭한다.

성결 운동 Holiness Movement 1800년대 중반 *존 웨슬리John Wesley의 전통을 따르는 개신교 교회들 사이에 일어났던 운동. 이러한 교회들은 웨슬리의 '완전 *성화sanctification'의 교리를 강조한다. 그 교리에 따르면, 순수한 그리스도인의 삶은 두 단계를 통해 발생한다.

먼저 *회심conversion에서 첫 번째 성화를 통해, 그리고 나중에 그리스도인의 삶에서 일어나는 성화의 두 번째 사건을 통해(소위 두 번째 축복 혹은 완전 성화). 비록 신자들이 불완전한 육체를 가지고 불완전한 세상에서 그 삶을 이어 갈지라도, 두 번째 사건을 통해 그리스도인은 죄로 가득한 본성의 속박으로부터 해방된다.

성경 비평 biblical criticism 다양한 유형의 문학을 해석하는 데 사용되는 기교들을 적용함으로써 성경 본문의 의미를 찾는 방법(들). 본문 비평textual criticism, *편집 비평redaction criticism, 양식 비평form criticism, *역사 비평historical criticism, *장르 비평genre criticism, 문학 비평literary criticism, 문법 비평grammatical criticism 등 여러 비평 방법이 포함된다.

성경 원리 Scripture principle 하나님의 말씀으로 읽히고 이해되는 성경. 개혁파 신학자들은 교회의 믿음과 실천은 성경에 기초해야 하며, 성경으로부터 권위를 이끌어 와야 하는 것으로 성경 원리를 이해했다.

성경론 bibliology 성경의 본질과 특징에 대한 사안들을 다루는 *조직 신학systematic theology 내의 한 주제. 성경론은 성경이 어떤 종류의 책인지, 그것이 기독교 신앙과 실천에서 어떤 권위를 지니는지, 성경이 신적 계시로 이해되어야 하는 그 범위와 방식은 무엇인지 등을 다룬다.

성경신학 biblical theology 성경 본문에 대한 그 어떤 근대 사상적 범주를 부과하지 않고 성경 본문 혹은 성경 저자의 가르침을 요약하고 재진술하려는 연구 분과다. 그 목적은 원래의 역사적 맥락에서 성경 혹은 성경 저자의 '신학'을 이해하려는 데 있다. 많은 신학자가, 성경신학의 작업을 오늘날의 관심사들에 맞추어 성경적 가르침을 주려고 하는 *조직 신학systematic theology의 과업보다 논리적으로 선행하는 것으로 여긴다.

성경신학 운동 biblical theology movement 학문 분과로서의 성경신학은 그 뿌리를 요한 필리프 가블러Johann Philipp Gabler, 1753-1826의 작품에 둘 수 있다 하더라도, 성경신학 운동은 여러 성경학자가 성경 본문의 다양성 속에서 내적 통일성과 성경 본문의 권위를 붙들고 싸

우던 20세기 중반에 발생했다. 이 운동에 속한 몇몇 학자는 성경도 다른 문학 작품들에 대한 연구방법론(*역사 비평 방법historical-critical method)을 사용하여 연구되어야 하는 인간의 책으로 보았다. 그러나 그에 비해 또 다른 어떤 이들은 성경의 신적 권위를 계속해서 고수하며 성경을 신학적인 책으로 이해하고자 했다. 비록 성경신학 운동의 전성기는 지났지만, 그 운동의 영향은 학술적으로나 목회적으로, 오늘날의 청중들에게 성경의 메시지를 들려주고자 하는 이들에게는 여전히 이어지고 있다.

성공회, 성공회(의) (교도) Anglicanism, Anglican 성공회는 17세기 잉글랜드에서 영국 종교개혁의 일부로 시작되었고 잉글랜드 국교회state church of England로 유지되고 있다. 성공회는 *개신교Protestantism의 신학, 특별히 *칼뱅주의Calvinism 신학으로 구성되었지만, 로마 가톨릭 교회의 예식과 구조에 강한 애착을 유지했다. 모든 성공회의 공통점은 예배에서 *성공회 기도서Book of Common Prayer를 사용한다는 점인데, 이 기도서는 성공회의 중심 원리를 다음과 같이 선언한다. "기도의 규칙이 신앙의 규칙이다."

성공회 기도서 Book of Common Prayer 잉글랜드 성공회 및 전 세계에 흩어져 있는 성공회 공동체에 의해서 사용되는 표준 예식서이자 기도서(*예전liturgy)이다. 이 문서는 본래 토머스 크랜머Thomas Cranmer의 작품이었지만, 1549년 첫 개정 이후 여러 번의 개정을 거쳤다. **참조**. *성공회.

성도 saints 성인들 신약에서 하나님의 백성, 예수 그리스도의 교회와 동의어. 하나님을 위해 구별되어 성령의 내주의 사역을 통해 하나님을 닮아 간다는 개념이 구약에도 있다. 로마 가톨릭 전통에서, 이들은 하나님의 성령에 의해 특별한 은혜로 모범적인 방식으로 살며 특별한 위업을 보여 준 사람들이다. 로마 가톨릭의 신심은 성인들에 대한 공경과 기도를 포함한다.

성령, 영 Spirit, spirit '바람' 혹은 '숨'과 연관되는 '영'이라는 단어는 생명 그 자체 혹은, 생명의 원리, 무엇보다 생명의 근원이자 수여자인 하나님을 가리킨다. 더 나아가, 성령은 삼위일체 하나님의 세 번째 위격이며 생명의 수여자다.

성령론 Pneumatology 성령을 다루는 기독교 신학의 한 분과. '영'을 뜻하는 헬라어 '프뉴마'*pneûma*와 '말, 론論, 설說'을 가리키는 로고스 *lógos*로부터 온 용어다. 성령론은 성령의 인격과 사역, 특별히 인간 *구원salvation에 있어서 성령의 참여를 탐구한다.

성령의 내적 증언 internal testimony of the Spirit, *testimonium Spiritus sancti internum* 그리스도에 대한 신앙을 간직한 모든 자에게 약속한 하나님의 *구원salvation에 관하여 성경이 참됨을 믿도록 인간에게 신뢰를 불러일으키는 성령의 사역. 말씀과 성령은 단일한 증거로 함께 사역하지만, 내적·외적 두 가지 방식으로 드러난다. 성경을 읽을 때, 믿는 자에게 구원을 주는 그리스도의 사역을 증언하며(외적), 성령은 신자 안에서 믿음의 실재에 대한 영적 감각을 준다(내적). 내적 증언 교리는 *아우구스티누스Augustine에게 그 기원을 두며 *종교개혁Reformation 시대와 그 이후에 이어진 개신교 신학자들에 의해 특별히 견고하게 되었다.

성례, 성례주의 sacrament, sacramentalism 성사(로마 가톨릭, 성공회) 많은 교회 전통에 의해 교회의 신성한 의식들을 가리키기 위해 사용되는 용어들. *아우구스티누스Augustine는 이러한 행위들을 '비가시적 은혜의 가시적 형태'visible form of an invisible grace 혹은 '신성한 것의 표지'sign of a sacred thing라고 불렀다. 신비롭게도, 성례들은 하나님이 신자들에게 한 약속들을 확신시키기 위해 하나님에 의해 사용되며, 그것은 그것을 받는 자들이 그것들이 나타내는 진리 안으로 들어감으로써 이루어진다. 두 가지 주요한 성례가 바로 *세례baptism와 *주의 만찬Lord's Supper이다. 로마 가톨릭 교회에서는 이외에 견진, 고해, 혼인, 서품, 종부성사 등 다섯 성사가 더 있다. [성공회에서는 이 다섯 성사를 '성사적 예식'Sacramental Rites(앵글로-가톨릭 전통에서) 혹은 '보통 성사로 불리지만 복음서의 성사로 간주해서는 안 되는 것' 혹은 '사목적 예식, 목회적 예식'Pastoral Offices(미국 성공회)으로 칭한다. 여정훈ⓒ] 개신교 신학은 성례가 의미 있으려면 믿음이 있어야 한다고 강조한다. 성례주의는 성례에 높은 가치를 두는 모든 기독교 신앙 이해를 가리킨다. 더 좁게 말해서, 성례주의는 기독교의 본질을 내적 변화와 개인 경건보다 성례에 참여하는 것으로 보는 개인이나 교회 전통을 경멸조로 일컫기 위해 사용될 수 있다.

성모 승천 assumption of Mary 마리아 승천 중세 시대 로마 가톨릭에서 기인한 가르침으로, 마리아가 사망했을 때 그 몸과 혼이 하나님이 있는 하늘로 이동(승천)했다는 주장이다. 이 교리는 1950년 교황 피우스비오 12세에 의해 로마 가톨릭의 공식 *교의dogma로 인정되었다. 그러나 이 가르침에 대한 성경적 근거는 없다. 그래서 일반적으로 비 로마 가톨릭 신학자들은 이것을 거부한다. (영어로 Solemnity라고도 하며, 로마 가톨릭에서는 과거에는 몽소 승천 혹은 피승천이라고도 했음. 천용; 한국어에서는 승천이 구분되지 않으나 예수의 승천은 ascension, *ascensio*를, 성모의 승천은 assumption, *assumptio*를 사용한다. 전자는 자력으로, 후자는 하나님의 능력으로 승천했다는 점이 다르다. 곤잘레스, 『신학용어사전』ⓔ) **참조**. *무염시태.

성물 elements 교회의 *규례ordinances 혹은 *성례sacraments, 특히 *주의 만찬Lord's Supper에서 사용되는 물질적 상징물에 대한 표현. 따라서 빵과 포도주가 주의 만찬 혹은 *성찬Eucharist의 '성물'이다. 특히 수 세기 동안 신학자들은 그리스도가 성물에 어떤 방식으로 임재하는지, 만약 그렇다면 영적으로 임재하는지 물리적으로 임재하는지에 대하여 논쟁했다. 이 논쟁은 특별히 주의 만찬에서 그리스도의 말씀, 즉 "이것(빵)은 내 몸이다"눅 22:19, 새번역: 또한 고전 11:24을 보라라는 말씀에 대한 해설로부터 일어났다. **참조**. *공재설; *화체설.

성부 수난설 patripassianism '아버지'를 뜻하는 헬라어 '파테르'*patēr*와 '고통당하다'를 뜻하는 파스코*paschō*로부터 유래한 용어로, 초기 *양태론modalism의 한 형태, 곧 한 분인 하나님(즉 성부)이 성자의 양태로 성육신하여 동정녀의 몸에서 태어나 고통받고 십자가에서 죽었다는 주장을 가리킨다. 초기 교회는 이 견해를 이단으로 선언했다.

성상파괴주의, 성상파괴론 Iconoclasm 문자적으로 '형상들의 파괴.' 역사적으로 성상 파괴는 8세기 무렵 기독교 교회들이 모이는 장소에서 발견되는 예수 그리스도의 형상들(성상들)을 파괴하는 행위에서 발생했다. 대다수의 그리스도인은 예수 그리스도의 신체적 성육신 속에서 나타난 그에 대한 묘사인 그러한 성상에 예배했다. 성상 파괴 논쟁은 주후 725년, 황제 레오 3세가 성상을 파괴하라고 명령하면서 시작되었는데, 그가 그런 명령을 내린 이유는, 그가 성상 예배는 우상숭배이며 유대인과 무슬림과의 대화에도 장애물이라고 생각했기 때문이었다.

성육신 incarnation 근본적으로 성육신은, 영원한 하나님의 말씀인 예수가 인간의 형태로 나타났다는 신학적 주장이다요일 1장. 많은 신학자들은 성육신을 완전한 인성을 스스로 취하여 진정한 인간의 삶을 산 *삼위일체Trinity의 두 번째 위격, 즉 하나님의 아들의 자발적이면서도 겸손한 행위로 본다. *정통orthodox 성육신 교리는 그 스스로 인성을 취한 그리스도는 그의 신성을 어떤 방식으로든 조금도 잃지 않고 여전히 완전한 하나님이었다고 주장한다. **참조**. *휘포스타시스, 위격적 연합.

성자의 영원한 출생 eternal generation of the Son *삼위일체Trinity의 첫 번째 위격과 두 번째 위격 사이에 존재하는 관계를 묘사할 때 사용하는 표현. 성부는 성자를 영원히 '낳는다'(혹은 출산한다beget)고 말할 수 있다. 다르게 말하자면, 성자의 아들로서의 정체성은 성부와의 영원한 관계에 의해 정의된다. 또한 이와 유사하게 성부도 성자와의 관계에 의해 영원히 아버지인 것이다. 성자의 '출생'은, 인간의 아버지가 선재하지 않았던 아들을 낳는 것처럼, 물리적 임신 혹은 탄생과 혼동되어서는 안 된다. 즉 성자의 영원한 출생은 성자의 기원을 말하고 있는 것이 아니라, 오히려 성자와 성부의 관계를 정의하려는 노력이다.

성자종속설 subordinationism 성자와 성령은 성부에게서 출래하기proceed 때문에 성자와 성령은 성부와 동등하지 않고 따라서 그들은 완전하게 신적일 수 없다고 주장한 2-3세기 *이단heresy.

성직자 clergy 목회자 하나님의 말씀을 선포하고 *규례ordinances나 *성례sacraments를 집례하기 위해 교회에 의해 선택되고 따로 구별된 사람들. 로마 가톨릭, *동방정교회Eastern Orthodoxy, 기타 개혁파 교회들과 같은 기독교 전통에서, 성직자는 비성직자(즉, *평신도laity)에 비해서 특별히 권위 있는 지위를 갖는다. 다른 전통들, 특별히 여러 '신자들의 교회'believers' churches에서 성직자는 단지 다른 그리스도인들과는 기능적으로만 구별된 사람으로 여겨질 뿐이다. 즉 성직자는 교회 내에서 특수한 기능을 수행하지만 평신도보다 더 높은 권위의 지위를 갖지 않는다.

성화 sanctification '따로 구별되는 것'을 뜻하는 히브리어와 헬라어로부터 온 용어로 통상적으로는, '거룩하게 되는 것'을 가리키기 위해 사용된다. 성화의 본질은 그리스도인이 그리스도를 통해 거룩하게 되는 것과 또한 그들이 그리스도를 온전히 닮을 때까지 (*영화glorification) 성령의 내주와 더불어 협력을 통해 거룩하게 성장하고 거룩을 위해 투쟁하도록 부름을 받는다는 이중성을 띠고 있다. **참조.** *감리교.

세대주의 dispensationalism 20세기 북미에서, 특히 스코필드 관주 성경Scofield Reference Bible의 영향을 통해 대중화되었던 신학 체계. 스코필드에 의해 기술되는 세대주의는, 하나님은 역사에 따라 구별되는 방식으로 사람들과 일한다고 주장한다. 즉 하나님은 교회와 이스라엘에 대해 구별된 계획을 갖고 있으며, 성경, 특히 예언서는 문자적으로 해석되어야 하며, 교회는 그리스도의 재림에 앞서 7년간 땅에서 은밀하게 *휴거rapture될 것이다. 그리스도는 이스라엘과 더불어 문자 그대로 천 년간 지상 통치를 할 것이다. 현대의 혹은 진보된 세대주의는 여전히 철저하게 *전천년설적premillennial 입장이지만, 하나님의 두 백성으로서 이스라엘과 교회의 *존재론적ontological 구분은 거부한다. 대신에 단일한 백성이 이스라엘과 교회라는 두 가지 구원-역사적 형태로 구체화되었다고 본다.

세례 baptism 침례 기독교 입문 행위이자 그리스도의 명령에 순종하겠다는 표식으로 대상자에게 물을 뿌리거나 붓거나 혹은 대상자를

물에 잠그는 의식. 기독교의 *규례ordinance 혹은 *성례sacrament인 세례는, 이를 시행한다는 점에서는 기독교 교회에서 거의 보편적이지만, 의식적으로 그리스도에 대한 신앙을 갖는 이들(신자 세례)에게만 세례를 베풀지, 아니면 그리스도인 부모의 유아들에게까지 세례를 확장할지(*유아 세례pedobaptism) 등에 관한 다양한 차이점이 존재한다.

세례 중생 baptismal regeneration 물세례가 원죄를 씻는 성령의 구원의 사역에 영향을 미친다는 믿음. 로마 가톨릭에서 세례는(주로 유아 세례), 믿음이 있든지 없든지 관계없이 개인에게 은혜를 수여하는 것으로 여겨진다. 루터교 신학에서는, 죄를 씻는 효과를 위해서 개인의 신앙이든 부모의 신앙이든 반드시 세례에는 신앙이 수반되어야 한다. 기타 개신교인들은, 세례 중생이 오직 믿음으로 말미암은 은혜에 의한 칭의 개념에 반대된다고 주장하면서 세례 중생 이론을 거부한다.

세속주의, 세속인문주의 secularism, secular humanism 단순하게 말하자면, '이 시대에 속한' 혹은 '세상의'를 의미하는 용어에서 온 것으로, 구체적으로 말하자면, 하나님의 실재, 종교, 초자연적 질서를 부정하고 실재란 오직 이 자연 세계만을 의미한다고 주장하는 신념 체계. 따라서 세속인문주의는 창조주를 배제하고 부정하며 인간 피조물을 승격시키고 영화롭게 한다.

센수스 플레니오르 *sensus plenior* '더 풍성한 의미'plenary 혹은 '더 완전한 의미'fuller sense를 뜻하는 라틴어. 센수스 플레니오르는, 성경 저자가 전달하고자 하는 일차적인 의미를 충실하게 유지하려 하면서도 기독교 역사를 통해 성경의 의미를 해석해야 함을 뜻한다. 또한 이 용어는 신약 저자들이 때때로 구약 본문을 재해석하는 방식에 적용되기도 한다.

소망 hope 하나님이 과거에 한 약속을 성취할 것이라는 신자의 기대를 언급할 때 사용되는 성경의 용어(헬. 엘피스*elpis*). 성경적 소망은 단순한 '원함' 그 이상이다. 그것은 성경에 기록되었고 교회가 경험한 *구원salvation의 역사 속에서 백성에 대한 하나님의 신실함 선포에 근거한 확실성을 수반한다. 궁극적으로 그리스도인이 품는 미래의 소망은 그리스도의 재림의 약속과 죽음으로부터 *부활resurrection한다는 기대에 놓여 있다. **참조.** *소망, 복스러운.

소망, 복스러운 blessed hope 복된 희망 우리의 열망의 성취인 그리스도의 재림을 가리키기 위해 사용된 성경의 표현딛 2:13을 보라. 20세기, 복스러운 소망을 둘러싼 *복음주의evangelical-근본주의 논쟁의 핵심은, 재림이 *환난tribulation(세대주의적 환난 전 *전천년설premillennialism에 의해 고대되는 *휴거rapture)의 기간에 앞서 오직 그리스도인들에게만 비밀스럽게 나타나는 것일지, 아니면 그리스도의 현현이 그리스도인이든 아니든 상관없이 모든 사람이 볼 수 있는 공적인 사건이 될지에 대한 것이었다(대부분의 종말론적 입장으로, *무천년설amillennialism, *후천년설postmillennialism, 역사적 전천년설이 이에 속한다).

소명(일반 소명, 특별 소명, 유효 소명) call (general, special, effectual) 하나님이 구원의 관계로 들어오도록 인간을 초대하는 행위. '일반' 소명이라는 개념은, 일반 계시의 증언을 통해, 즉 피조 세계를 돌보는 하나님의 일과 섭리의 드러남을 통해 모든 사람에게 미치는 하나님의 초청을 말하는 성경 본문에 근거한다. '특별' 소명은, 복음 설교가 그리스도를 믿을 수 있는 기회를 사람들에게 제공할 때, 각 개인의 마음에 특별하게 역사하는 하나님의 성령의 사역을 가리킨다. 마지막으로 '유효' 소명은, 성령이 각 개인으로 하여금 죄의 용서와 영생(*구원salvation)을 얻도록 은혜를 적용하는 것을 가리킨다.

속성, 하나님의 속성 attribute, attributes of God 일반적으로 속성은 사물이나 사람을 묘사할 때 사용되는 특색 내지는 특성을 말한다. 신학자들은 하나님의 속성들에 대하여 말할 때, 그러한 특색들과 특징들은 본질적으로, 하나님이 우리와 관계 맺는 만큼만 우리가 이해할 수 있는 것이라는 점에 주목한다. 고전적인 기독교 신학이 나열하는 그러한 속성들은 *거룩holiness, *영원eternity, *전지omniscience(모든 것을 아는), *전능omnipotence(모든 것을 할 수 있는), *편재omnipresence(어디에나 존재하는), 선善 등을 포함한다. 일부 신학자들은, 사랑이 하나님의 속성이라고 말하는 반면, 또 다른 신학자들은 사랑은 하나님의 '본질'에 더 가깝다고 주장한다.

속전설 ransom theory of the atonement 배상설, 사탄 속전설 문자적으로 속죄의 속전 이론을 뜻하는 이 용어는 인간의 죄를 통해 인간은 합법적으로 사탄의 소유가 되었고(혹은 사탄에게 종속되었고), 이 상황을 해결하기 위해 하나님은 인류와 교환하려는 목적으로 자기 아들을 '속전'으로 지급했다고 보는 견해. 그러나 예수는 지옥에 있을 수 없으므로, 셋째 날 부활했고 그로 인해 사탄에게 그가 붙잡고 있던 자들을 놓아주도록 만들었다. 이 이론은 *교부 시대patristic era에 널리 가르쳐졌다. **참조**. *속죄.

속죄, 속죄론 atonement, atonement theories 속죄는 인간의 가장 심각한 문제, 즉 죄를 다루는 하나님의 방식을 말한다. 구약과 신약 모두, 죄는 하나님과 인류 간의 관계를 깨트렸다고 분명하게 밝힌다. 기독교 신학에 따르면, 하나님은 그리스도의 죽음으로 회복의 길을 마련했다. 비록 성경은 이 회복이 어떻게 일어났는지 분명하게 말하지 않지만, 속죄에 관한 다음과 같은 이론들이 있다. (1) *도덕 감화moral influence: 그리스도의 죽음은 그 행위를 통해 사랑의 모범을 보였다. (2) *속전ransom(승리자 그리스도Christus victor): 그리스도는 사탄으로부터 죄인을 사거나 혹은 악에 대하여 승리를 얻은 '몸값'ransom이다. (3) *만족설satisfaction: 그리스도의 죽음은 인간의 죄로 인해 강탈당한 하나님이 받아야 할 영예를 충족시켜 준다. (4) *형벌 대속penal substitution: 그리스도는, 우리가 하나님의 율법을 어겼기에, 응당 우리에게 내려져야 할 정의로운 형벌을 감당하기 위해 법률상 죄인들의 자리로 갔다.

속죄에 대한 만족설 satisfaction theory of the atonement 속죄 만족설 *안셀무스Anselm에게서 기원하는 것으로, 죄로 인해 그 명예가 더럽혀져 반드시 그 부분에 있어서 만족을 받아야 하는 군주Sovereign라는 하나님에 대한 *은유metaphor를 토대로 그리스도의 사역을 이해하는 것. 인간이 죄를 통해 모욕하는 우를 범했기에 오직 인간이 그러한 만족을 제공해야 하지만, 인간이 범한 모욕죄가 너무 커서 하나님만이 그러한 만족을 제공할 수 있다. 예수 그리스도는 하나님이자 인간이기에 자신의 순종적인 죽음을 통해 반드시 필요한 만족을 제공할 수 있었다. (상거래설 commercial theory이라고도 함. 로마 가톨릭에서 satisfaction이 보속補贖으로 번역되었다. 천용ⓔ) **참조**. *속죄.

속죄의 도덕 감화 이론 moral influence theory of the atonement 도덕 감화론 피에르 아벨라르 Peter Abelard의 것으로 여겨지는 견해로, 십자가는 무엇보다 하나님의 사랑을 위대하게 표출한 것이었다는 주장. 따라서 하나님이 보여 주신 사랑에 대한 반응으로 우리는 하나님을 사랑하고 죄 가운데 거하지 않고 하나님을 위해 산다.

속죄의 형벌 대속론 penal-substitution theory of the atonement 대리 형벌론 하나님의 율법을 깨트리는 죄에 대한 형벌은 죽음이라고 보는 견해. 따라서 그리스도는 십자가 위에서 죄인을 대신하여 죽음의 형벌을 겪었으며, 그렇게 함으로써 하나님의 진노를 가라앉혔다. 이 이론은 먼저 *종교개혁 Reformation 시대에 처음 제안되었고 나중에 개신교 진영, 특히 영국과 미국의 *복음주의자들 evangelicals 사이에서 가장 널리 고수되는 견해가 되었다.

수도원주의 monasticism 수도원 제도 독신, 공동체 삶, 가난, 공동 예배, 침묵, 관상을 강조하는 로마 가톨릭과 *동방정교회 Eastern Orthodox 전통에 있는 생활 방식. 수도원 운동은 수도사들이 함께 살고, 일할 수 있는 수도원들을 배출했는데, 일반적으로 그것은 더 큰 사회로부터 떠나 있었다.

수용 accommodation 적응, 조정 하나님이 말로써 인간들에게 자신을 알리며, 유한한 인간 지성이 그것을 파악할 수 있도록 맞추는 방식들을 가리킨다. 하나님이 인류에게 수용된 가장 중요한 실례가 예수 그리스도의 초림, 즉 인간의 형태를 취한 하나님에게서 발견된다. **참조**. *성육신.

숨어 계시는 하나님, 계시된 하나님 deus absconditus, deus revelatus 데우스 압스콘디투스, 데우스 레벨라투스, 이 두 표현은 본래 마르틴 루터에 의해 함께 사용된 것으로, 스스로를 계시하는 숨어 계시는 하나님, 스스로를 숨기시는 계시된 하나님의 역설적 상태를 말한다. 루터에게 있어서 알 수 없는 하나님은 그리스도 안에서 계시되었다. 그러나 그리스도의 십자가 안에 있는 하나님의 참된 영광이 인간 지혜에는 숨겨졌다.

숩스탄티아 substantia 본체 '실체'에 해당하는 라틴어로, *본질essence 혹은 본질적인 성질을 가리킨다. 하나님의 숩스탄티아의 문제는 교부 시대 및 중세 시대의 그리스도와 *삼위일체Trinity에 관한 교리의 발전에 있어서 주요한 사안이었다.

슐라이어마허, 프리드리히 Schleiermacher, Friedrich (1768-1834) *낭만주의Romanticism에 푹 빠져 있던 독일 지식층이 종교를 타당한 것으로 이해하게 하려고 노력했던 영향력 있는 개신교 신학자. 슐라이어마허는 종교의 기초로서 직관과 감정을 강조했으며 종교를 *단일신론monotheism에서 가장 잘 표현된 절대 의존의 감정으로 정의했다. 슐라이어마허에 따르면, 기독교는 가장 고등한 종교이지만, 이러한 감정이 개별적이며 문화적이고 종교적인 다양한 형태를 띨 수 있다는 점에서 기독교는 유일한 참 종교가 아닐 수 있다.

스콜라주의 scholasticism 본래 중세 학교들의 교육 전통으로, 보다 구체적으로 말하자면 *토마스 아퀴나스Thomas Aquinas에 의해 가장 간결하게 제시되는 철학적·신학적 사색 방법론을 말한다. 기독교 교리의 더 깊은 의미를 파악하기 위해서 스콜라주의는 고전 그리스-로마 철학을 기독교의 가르침 및 성경과 종합하려 했고, 더 분명하고 규정적인 조직적 체계를 제공하기 위해 아리스토텔레스 철학과 *플라톤 철학Platonism을 사용했다. *종교개혁Reformation 이후, 어떤 개신교 신학자들은, 특별히 정확한 명제나 논증의 형식으로 올바른 교리적 이해 추구에 초점을 맞추며 스콜라 전통을 이어갔다.

승천 ascension 그리스도가 자신의 지상 사역을 마쳤을 때, 그는 아버지의 임재로 들어갔다 막 16:19; 눅 24:51; 행 1:9. 승천으로 알려진 이 사건은 적어도 세 가지 의의를 가진다. 첫째, 승천은 그리스도의 지상적·가시적 사역의 종결이자 교회를 통해 보이지 않게 활동할 약속된 성령의 도래를 위한 준비다. 둘째, 승천은 그리스도를 아버지의 오른손에까지 높인다. 거기서 그는 주재로서 우주를 다스리며,

대제사장으로서 하나님의 백성을 위해 중보한다. 셋째, 승천은 재림의 때, 그리스도가 다시 한번 하늘로부터 가시적으로 나타날 것을 상기시켜 주는 기능을 한다^{행 1:11}.

시간, 무시간성 time, timelessness 시간은 피조 세계 내에서 상호 간에 벌어지는 사건들의 관계를 가리킨다. 일반적으로 사건들은 직선적인 연속의 형태로 보이며, 이것은 '시간선'time line이라는 개념으로 이어진다. 그러나 사건들의 연속은 또한 순환적으로도 보이기도 하기에, 시간은 원circle이라는 결과를 낳을 수도 있다. 성경은 시간을 하나님에 의해 만들어진 실재로 묘사하며, 하나님은 시간 안에서 *구원salvation이라는 신적 계획을 역사적으로 수행한다. 따라서 시간은 '태초에' 시작되었고 미래의 목적을 향해 '직선적으로' 움직인다. 철학자들과 신학자들은 시간과 영원이 어떻게 관계를 맺는지, 또한 하나님과 시간 사이의 관계의 본질이 무엇인지를 두고 논쟁을 벌였다. 어떤 사상가들은 시간 그 자체를 영원한 것으로 보는 견해에 대한 다소 간의 반동으로, 시간과 영원을 전적으로 다른 것으로 주장한다(어떤 이들은 그것들을 아예 무너뜨리기도 한다). 하나님이 무시간적이라 주장하는 신학자들은 하나님이 시간을 창조했고 따라서 시간의 흐름 '너머에' 있다고 주장한다. 어떤 다른 사람들은 하나님은 시간을 통해 피조 세계와 함께 여행한다고 제안한다.

시밀리투도 데이 *similitudo Dei* '하나님의 모양'을 가리키는 라틴어. *이레나이우스Irenaeus가 일찍이 하나님의 모양likeness과 하나님의 형상(*이마고 데이*imago Dei*)을 구분한 것에 기초하여, 일부 신학자들은(예. *토마스 아퀴나스Thomas Aquinas), 하나님의 모양은 아담이 에덴에서 누렸으나 타락 후에 잃은 초자연적인 의의 선물이며, 이와 대조적으로 하나님의 형상은 타락한 인간들이 유지하고 있는 자연적인 능력들이라고 주장했다. 이러한 주장은 *종교개혁자들Reformers에 의해 거부되었다.

신경 creed 신조 라틴어 크레도*credo*, 믿다에서 온 용어인, 신경creed은 기독교 신앙과 믿음에 대한 요약적 진술이다. 가장 초기의 신경들의 목적은, 세례 예비자들이 세례 시에 확언했던 기독교 교리의 짧은 요약을 제시하는 것이었다. 후대에, 신경들은 새로운 개종자들의 교육, 이단과의 투쟁, 공예배에서의 사용을 위한 도구가 되었다. 신경들 중 가장 유명한 세 개가 교회 역사의 첫 5세기 동안 작성되었는데, 그것이 바로 사도신경, *니케아Nicene 신경(혹은 니케아-콘스탄티노플 신경), 아타나시우스 신경이다.

신뢰 *fiducia* 라틴어 피두키아*fiducia*는 신앙(라. 피데스*fides*)의 본질적 내용을 가리킨다. 즉 *신앙faith을 갖는다는 것은 신뢰 혹은 헌신에 참여하는 것과 같다. 비록 관계가 있긴 하지만, 신뢰는 어떤 전제들이나 진리들에 대한 지적인 수용을 가리키는 *동의*assensus*와는 구별된다. 성경적 신앙은 신뢰와 동의 둘 다 중요함을 확언한다. **참조.** *지식.

신비주의 mysticism 하나님과의 직접적인, 추상적이지 않은 사랑의 마주침 혹은 연합이라는 방식을 통해 하나님에 대한 개인적이고 경험적인(때때로 관상적이라고 표현되는) 지식을 추구하는 믿음과 실천. 비록 심리학적 차원(환상, 꿈, 특별 계시 등)이 신비 체험의 일부가 될 수 있지만 이러한 차원은 필수적인 것이 아니다. 오히려 기독교 신비주의자들은, 신비적 삶에 성령의 열매가 있는지 여부가 그 경험을 시험한다고 가르친다.

신앙 faith 지적 신앙과 관계적 신뢰 내지는 헌신 둘 다를 일컫는 성경의 단어. 성경 저자들은 일반적으로 믿음belief으로서의 신앙과 신뢰trust로서의 신앙을 구별하지 않았고 참된 신앙은 믿는 것(하나님의 존재, 예수는 주 등)과 참되고 신뢰할 만하고 구원을 주실 수 있는 분에 대한 인격적 헌신(즉 *구원salvation의 길인 그리스도의 인격에 대한 신뢰) 둘 다로 구성된다고 보았다.

신앙의 유비, 아날로기아 피데이 analogy of faith, *analogia fidei* 성경의 모호하거나 어려운 구절들을 해석하기 위해 보다 더 분명한 구절들을 사용해야 한다고 주장하는 해석 원리. *아우구스티누스Augustine에게 있어서 신앙의 유비는, 성경은 결코 기독교 신앙에 대한 교회의 요약(예. 사도신경)을 위반하는 그 어떤 방식으로도 해석될 수 없다는 사실을 요구하는 것이었다. 루터에게 있어서, 그리스도가 바로 신앙의 유비이기에, 성경은 언제나 그리스도를 증언하는 방식으로 해석되어야 했다. 칼뱅에게 있어서 신앙의 유비는, 성령이 성경 저술을 감독했기에 성경과 성령이 함께 성경의 다른 부분들을 해석한다는 것을 의미한다.

신앙의 유산 deposit of faith 예수 그리스도를 통한 *구원salvation의 길에 대해 선지자들과 사도들의 가르침의 총체로, 성경에 기록되었고 성령의 도움으로 교회와 교회의 교사들에 의해 신실하게 해석되어야 하는 것이다.

신앙주의 fideism 종교적·신학적 진리의 문제는 이성의 사용을 배제한 채 신앙에 의해서만 수용되어야 한다는 견해. 극단적인 형태의 신앙주의는, 이성의 사용은 잘못이라고 주장한다. 보다 덜 극단적인 신앙주의는, 이성이 그 자체로 아주 오도하는 것은 아니고, 다만 하나님의 본성과 *구원salvation에 관한 진리로 이끌 수 없는 것이라고 주장한다.

신인동형(동성)론神人同形(同性)論 anthropomorphism 의인화 성경 저자들이 인간의 신체적 특징을 하나님에게 귀속시켜서 중요한 점을 설명하기 위해 사용한 화법의 한 형태. 예를 들어, 하나님은 영이라 계시되었고 물리적 몸의 구성물에 의해 시간과 공간이라는 제약을 받지 않지만, 때때로 성경은 하나님의 '얼굴'이나 하나님의 '팔'에 대하여 말한다. 신인동형(동성)론은 본질적으로 하나님에 대한 추상적 진리를 보다 구체적으로 만드는 데 도움을 준다.

신자들의 교회 believers' church 예수 그리스도에 대한 믿음 안에서 예배, 교육, 선행을 목적으로 자발적으로 모여 형성된 교회를 강조하는 *급진 종교개혁Radical Reformation에서 발생한 신학적 신념 중 하나. 아우구스티누스의 견해와는 달리 신자들의 교회 옹호자들은 신자들과 불신자들 간의 혼합된 몸으로서의 교회에 대한 그 어떤 정의도 거부한다. 따라서, 신자들의 교회는 예수의 참된 제자인 자들의 공동체(모인 교회gathered church)로서의 지역 회중에만 집중하는 경향이 있다.

신정론 theodicy 논리적으로, 적절하게 그리고 지속해서 하나님을 전능하고, 모든 존재를 사랑하며 악의 실재에도 불구하고 정의로운 분으로 변호하면서 세상의 악의 문제에 답하려는 시도.

신정통주의 neo-orthodoxy 개신교 *자유주의liberalism가 불합리하게 복음을 현대 과학, 문화에 적응시키려 했고 그 과정 중에서 하나님의 말씀과 하나님의 *초월transcendence에 대한 고전적인 초점을 잃었다는 인식으로부터 탄생한 20세기 초의 개신교 운동(*칼 바르트Karl Barth, *에밀 브룬너Emil Brunner, *라인홀드 니버Reinhold Niebuhr, 리처드 니버Richard Niebuhr 등이 여기에 속한다). 이러한 상황 속에서, 신정통주의 사상가들은 *정통orthodoxy에 대한 *계몽주의Enlightenment의 비판은 진지하게 수용하되 개신교 *스콜라주의scholasticism는 거부하면서, 오늘날의 맥락에서 복음을 선포하기 위한 기반으로서 *종교개혁Reformation 신학과 초기 교회의 기본 원칙(특별히 성경의 우위성, 인간의 부패, 그리스도 안에서의 하나님의 사역)으로 돌아갈 것을 독려했다. 신정통주의 신학자들은 종종 *변증법적dialectical 접근을 사용하여, 함께 묶었을 때 상반되는 표현으로 보이지만 역설적 사실인 것들(예. 인간은 타락하고 부패했다, 그러나 하나님 앞에서 자유롭고 받아들일 만한 존재다)을 병치함으로써 신학적 통찰력을 얻기를 추구했다.

신 중심 theocentricity 신본주의 모든 초점과 관심의 중심 대상이, 즉 우리의 궁극적 관심의 대상이 되어야 할 존재가 하나님이라 주장하는 것. 따라서 신 중심이 된다는 것은 *윤리ethics를 포함하여 삶의 모든 것을 하나님에 대한 헌신의 관점으로 보는 것이다.

신플라톤주의 Neo-Platonism 초기 교회 사상가들, 특별히 *오리게네스Origen와 *아우구스티누스Augustine에게 지대한 영향을 미친 (플로티노스와 동일시된) 그리스 철학의 마지막 단계. 신플라톤주의자들은 모든 것이 일자the One라는 초월적인 원리로부터 유출되며(흘러나오며), 그것이 정화의 과정을 거쳐 다시 일자에게로 돌아갈 운명이라고 가르쳤다.

신학 theology 하나님 혹은 궁극적 실재에 관한 종교적 신념 체계. 신학은 일반적으로 하나님의 자기 계시에 근거한 기독교 신앙과 신체험에 대한 질서 정연하고 조직적인 연구 혹은 해석을 가리킨다. 또한, 신학은 인간 경험과 사상 전체에 폭넓게 이러한 진리들을 적용시키기를 추구한다.

신학 대전 *Summa Theologica* (줄여서 Summa) 숨마 테올로기카 '신학의 요약'을 가리키는 라틴어. 조금 더 구체적으로 말하자면 *토마스 아퀴나스Thomas Aquinas의 주요한 조직 신학 작품을 가리킨다.

신학 방법, 방법론 method in theology, methodology 신학적 입장을 발전시키기 위해 사용되는 연구의 특정한 체계적 절차(들), 기술, 양식. 조직 신학자들은 일반적으로 자신들의 논문의 첫 장에 신학 방법론의 문제를 다룬다(*프롤레고메논prolegomenon). 그러한 방법론은 종종 다음과 같은 질문을 포함한다. 신학이란 무엇인가? 무엇이 신학을 가치 있게, 참되게, 유용하게 하는가? 신학은 왜 중요한가? 신학은 학문인가? 신학에 참여함이라는 과업의 토대를 이루는 것은 무엇인가? 신학의 원천(들)은 무엇인가? 신학 체계를 세우는 적절한 방법을 구성하는 것은 무엇인가?

신학의 자료 source of theology 신학적 *표준norm과 연관되며, 신학 구성에 포함되는 '원자재'raw material, 혹은 신학자들이 기독교 교리의 체계적인 진술의 구성에 호소하기 위한 것. 신학의 자료는 신학 구성에 영향을 미치며 또한 그 내용을 제공한다. *복음주의evangelical 신학자들은 신학의 일차 자료 혹은 표준을 제시하는 표준으로서 성경에 호소한다. 신학자들이 신학 자료로 제안하는 또 다른 자료들에는 전승, 이성, 문화, 경험 등이 포함된다.

신학적 방법 theological method ***신학 방법, 방법론**을 보라.

신화神化 deification 초기 비기독교 종교들에서, 인간 통치자들을 신의 지위로 승격시키는 것. 그러나 *동방정교회Eastern Orthodox 신학에서 신화는 베드로후서 1:2-4에서 제시된 *구원salvation의 특징으로 사용되었다. 동방정교회는 신중하게 신자들(신적 본성의 참여자 혹은 공유자로서)의 신화와 그리스도(실제 신적인 존재)의 신화 사이를 조심스레 구분하며, 그 둘이 질적으로 다른 범주에 속한다고 주장한다.

신화神話 myth '신화'라는 용어는 사실이나 객관적 실재보다는 역사적 근거가 없는 것(허구) 혹은 우화와 자주 연관된다. 따라서 어떤 이들은 초자연적 혹은 기적적인 것을 포함하고 있는 모든 기독교 메시지를 신화로 여긴다(*불트만Bultmann, *탈신화화demythologizing를 보라). 또한 '신화'는 진리이지만, 이성적이고 언어적인 묘사를 넘어서는 하나님의 초월적이면서도 표현할 수 없는 특성을 묘사하기 위해 사용될 수 있다(*브룬너Brunner를 보라). 게다가 '신화'는 하나님에 대해 말하기 위해 *우주론적cosmological 혹은 우주 창조 신화로부터 빌려 온 언어와 이미지라는 뜻도 내포하고 있다.

실용주의 pragmatism 모든 진리나 개념은 실제적인 결과물practical consequences을 갖고 있으며, 이러한 실제적인 결과물이 그것의 진실성에 대한 판단 기준이 된다고 가정하는 철학 체계. 소수의 실용주의자는 여기에 진리의 초월적인 근원transcendental sources of truth은 없다고 덧붙인다. 따라서 진리와 가치는 개인이나 사회에 유용한지에 따라 상대적이다.

실재(설) real presence of Christ in the Eucharist 실제 임재(설), 성찬에서 그리스도의 실제 임재 예수 그리스도는 성찬 혹은 주의 만찬 혹은 영성체 시에 빵과 포도주 안에 실제로 육체적으로 임재한다는 믿음. 이 견해에 대한 성경적 근거는, "이것은 내 몸이니라…이것은 나의 피니라"막 14:22, 24라는 예수가 제정institution한 말과, *성찬Eucharist을 암시하는 듯한 예수의 생명의 빵 담화요 6:53-58를 문자적으로 이해하는 데서 비롯한다. 실제 임재는 루터교와 로마 가톨릭이(비록 상당한 차이점이 있지만) 가르친다. **참조.** *공재설; *화체설.

실재론 realism '보편자'는 정신 바깥에 존재하며 정신과 별개의 실재라고 여기는 철학적 태도. 비록 이 주장 자체는 *플라톤Plato에게로 거슬러 올라가지만, 중세 시대에 실재론과 유명론 사이의 뜨거운 논쟁이 벌어지면서 신학적으로 중요하게 되었다. 실재론자들은 물체가 우리의 생각과 별개로 존재하듯, 속성(예. 눈의 속성으로서 하얀색)이 우리의 생각과 독립적으로 존재한다고 주장했다. 결과적으로 실재론자들에게는 하나님의 속성(예. 사랑, 거룩)도 또한 하나님처럼 독립적으로 존재한다. **참조.** *유명론.

실존주의 existentialism '본질'(인간이란 무엇인가?)이 아니라 '실존'(인간은 어떻게 사는가?)의 측면에서 인간이 된다는 것의 의미를 정의하려고 시도하는 모든 철학 체계. 실존주의자들은 일반적으로 인간에게는 공통 본질은 없으며, 인간은 모두 자신의 자유로운 결정과 행위를 통해 고유하게 정의된다는 데 동의한다. 결과적으로, 실존주의자들은 정해진 삶의 의미를 '찾기'보다는 개인의 자유를 고양하여 스스로 의미 있는 삶을 '만들어야' 함을 강조하는 경향이 있다.

실증주의, 논리 실증주의, 논리 경험주의 positivism, logical positivism, logical empiricism 실증주의는, 우리가 감각으로 직접 파악하는 것을 제외하고 그 어떤 것에 대한 지식도 얻을 수 없다고 주장하는 철학적 입장이다. 따라서 '실증적 지식'이란, *형이상학metaphysics 및 신학과 연결되는 추측과는 대조적으로 과학으로부터 온다. 논리 실증주의는, 철학의 중심 역할은 언어를 분석하는 것이라고 주장하는 현대 철학에서 반형이상학적 입장이 되었다. 논리 실증주의자들은 과학적 조사를 인간 지식의 패러다임으로 사용하면서, 비감각적인 형이상학적 진술들을 약화했다.

실천, 정행 praxis, orthopraxy 프락시스 누군가의 구체적인 경험과 그에 대한 반성을 통해 얻은 지식에 대한 실천적 표현 혹은 반성적이면서도 반응적인 행동. 문자적으로 '바른 실천'을 의미하는 정행은 기독교 신앙에 대해 알았고 경험했던 진리를 사랑과 정의 안에서 실행하는 것을 뜻한다.

심판 Judgment 넓은 의미에서, 하나님 자신의 의롭고 거룩한 성품이라는 기준을 사용하여, 사람이든 천사든, 피조물의 행위의 옳고 그름과 관련하여 내리는 하나님의 평가. 더 구체적인 의미에서, 심판은 하나님이 예수 그리스도를 통해, 의인이든 악인이든 지상에서 그들이 행한 일에 대하여 모든 사람을 심판할 미래의 사건을 언급한다. 신약은 그리스도인이든 아니든, 모든 사람이 그들의 행위에 따라 심판받을 것이라 가르친다. 그러나 그리스도인들은 그들의 편에 선 그리스도의 사역에 비추어 용납될 것이다.

십자가의 신학, 영광의 신학 *theologia crucis, theologia gloriae* 루터는 자신의 '테올로기아 크루키스'(십자가의 신학theology of the cross)에서 하나님의 자기 계시의 참되고 온전한 장소는 그리스도의 십자가상에서 보여 준 하나님의 겸손, 약함, 그리고 고통받는 사랑이라고 주장했다. 루터는 하나님에 관한 지식이 우주 속에서 행하는 하나님의 사역을 통해 오는 것이라 말하는 테올로기아 글로리아이(영광의 신학theology of the glory)라는 개념을 거부했다.

아나뱁티스트 *재세례파를 보라.

아디아포라 adiaphora *구원salvation의 문제에서 비본질적인 신앙 조목들. 루터교에서, 아디아포라는 성경에서 정죄하지도 혹은 금지하지도 않는 교회의 실천사항들로 정의되었다. 오늘날의 어법에서, 아디아포라는 구원에 영향을 주지 않으며 또한 하나님 앞에서 깨끗한 양심과 더불어 그리스도인들이 자유롭게 실천하거나 믿을 수 있지만 성경에 의해 분명하게 다뤄지지 않는 것들을 가리킨다. (간섭 외 영역. 신어사ⓒ)

아르미니우스주의, 아르미니우스 Arminianism, Arminius 네덜란드의 신학자이자 목사인 야코부스 아르미니우스James Arminius, 1560-1609의 사상에서 발견되는 신학 체계. 신학 체계로서의 아르미니우스주의는 *예정predestination에 대한 루터교와 특별히 칼뱅주의의 교리에 대한 반박을 중심으로 발전했다. 예정을, 각 개인을 *구원salvation으로 선택하는 하나님의 무조건적 행위로 본 칼뱅주의자들(그리고 루터교인들)과 달리, 아르미니우스는, 예정은 각 개인이 자유롭게 그리스도를 수용하는지 혹은 거부하는지를 보는 하나님의 예지에 기초하는 것이라고 가르쳤다. 결국 그 신학은, 구원salvation은 자유로운 선택인 만큼, 자유롭게 상실될 수도 있다고 주장했다. 이는 칼뱅주의나 루터교의 사상에서는 낯선 개념이었다. **참조**. *칼뱅주의, 장 칼뱅.

아리우스주의, 아리우스 Arianism, Arius 예수 그리스도의 정체성에 대한 초기의 이단(사상) 중 하나. 아리우스주의는 주로 아리우스 335/336 사망의 가르침에서 발견된다. 아리우스 사상의 중심적인 특징은, 하나님은 한 분이기 때문에, 예수는 참된 신이 될 수가 없다는 것이다. 아리우스와 그의 추종자들은, 그리스도의 승귀된exalted 지위에 대한 성경의 증언을 다루면서, 예수는 하나님의 피조물 중 가장 높은 존재라고 제안했다. 따라서 그리스도가 완전한 인간은 맞지만, 그가 완전한 하나님은 아니다. 아리우스의 가르침은 325년 제1차 에큐메니칼 (니케아) *공의회Council에서 이단으로 정죄되었다.

아우구스티누스, 아우구스티누스주의 Augustine (354-430), Augustinianism 어거스틴, 어거스틴주의, 어거스틴 신학 교회 역사상 가장 위대한 신학자 중 한 명인 아우구스티누스는 *삼위일체Trinity, 죄, *예정predestination, 교회 등과 같은 교리들에 대한 서방 교회의 이해의 발전에 영향을 미쳤다. 아우구스티누스는 신학과 플라톤 철학을 통합시킨 인물로 유명하다. 하나의 사상 체계인 아우구스티누스주의는 근본적으로 하나님을 향해 믿음으로 반응할 수 없는 인간에게 남겨진 그의 전적인 죄성(타락)과 더불어 출발한다. 또한 이에 맞추어 아우구스티누스주의는 하나님은 뉘우치고 믿음을 가질 존재가 누구인지 예정한다고 주장한다.

아우크스부르크 신앙고백(문)(서) Augsburg Confession 1530년에 공식화된 아우크스부르크 신앙고백서는 그리스도와 그의 말씀에 대한 루터교의 신앙 선언에 대한 요약문서다. 이 신앙고백서는 마르틴 루터의 가장 충실한 추종자인 필리프 멜란히톤Philipp Melanchthon이 작성했으며, 하나님, 인간, 죄, *구원salvation, 교회, 세상의 종말 등과 같은 주제에 대하여 총 28개 항목을 포함하고 있다.

아퀴나스 *토마스 아퀴나스를 보라.

아타나시우스 Athanasius (약 296-373) 초기 교회 변증가, 신학자, 알렉산드리아 감독. 기독교 신학에 대한 아타나시우스의 가장 위대한 기여는 당대에 유행했던 아리우스의 가르침에 대항하여 타협하지 않은 그의 자세였다. **참조.** *아리우스주의, 아리우스.

아포카타스타시스 apokatastasis, apocatastasis 만물(의) 회복, 만물 갱신, 총괄 갱신 광의적 의미로 '회복'으로 번역되는 헬라어. 구약에서 이 용어에 상응하는 히브리어는 이스라엘의 포로 귀환에서 언급된다렘 16:15. 신약에서 아포카타스타시스는 하나님이 그리스도 안에서 하나님의 본래 의도에 따라 피조 세계의 만물을 회복할 미래의 시점을 말한다. 어떤 신학자들은 이를 역사의 종말에 모든 인간(심지어 사탄과 그의 악령들까지 포함하여)이 구원될 것이라는 의미로 받아들였다. 일반적으로 기독교 신학은 보편 *구원salvation에 대한 이러한 생각을 거부한다. **참조.** 보편주의.

아폴리나리우스주의, 아폴리나리우스 Apollinarianism, Apollinarius 4세기경 라오디게아의 감독 아폴리나리우스약 310-391의 가르침으로, 그는 성육신한 그리스도가 인간의 몸과 혼soul은 취했지만 인간의 정신mind 혹은 영spirit(누스nous)은 취하지 않았다고 선언했다. 아폴리나리우스는 인간의 영을 갖는다는 것은 자유 의지를 갖는다는 것과 같다고 논했다. 그리고 자유 의지가 있는 곳에 죄도 있다. 아폴리나리우스는 그리스도가 오로지 신적 지성 혹은 신의 누스에만 기초하여 활동했다고 결론지었다. 교회는 공식적으로 381년 콘스탄티노플에서 열린 제2차 에큐메니칼 공의회에서 아폴리나리우스주의를 거부했다.

악 evil 하나님의 선하고 거룩한 목적들과 반대되는 행동이나 사건. 신학자들은 일반적으로 도덕적 악과 자연적 악을 구분한다. 도덕적 악은 하나님의 거룩한 성품과 율법에 반대되는 피조물들의 행위들(죄들)을 가리킨다. 자연적 악은, 역사의 과정 가운데 발생하고 창조된 세계에 부정적인 영향을 미치는 해롭거나 파괴적인 사건을 포함한다(예. 지진이나 기근 등). 일부 신학자들(예. *아우구스티누스Augustine)은, 악이 사물과 같이 독립적으로 존재하는 '실체'가 아니며 오히려 행위에 대한 도덕적 평가나 그러한 악한 행위가 피조 세계에 미치는 궁극적 결과 내지는 영향임을 강조한다.

안디옥학파 Antiochene school 안티오키아학파 3세기에서 5세기 사이 안디옥 도시에서 일어났기에 붙여진 명칭으로, 안디옥학파는 본문의 문자적 의미를 강조한 성경 해석 접근을 수행했다. 이는 본문에 즉각적으로 드러나지 않는 '보다 더 심오한' 풍유적·도덕적·영적 의미를 추구했던 *알렉산드리아학파Alexandrian school의 해석에 대한 반동이었다. 안디옥학파의 중요한 인물로는, 크리소스토모스Chrysostom, 테오도로스Theodor, 테오도레토스Theodoret, 테오필로스Theophilus 등이 있다. **참조.** *알렉산드리아학파.

안셀무스, 캔터베리의 Anselm of Canterbury (1033-1109) 훗날 잉글랜드의 캔터베리의 대주교가 된 중세 수도사, 철학자, 신학자. 안셀무스는 신 존재에 대한 *존재론적 논증ontological argument, *속죄에 대한 만족설satisfaction theory of the atonement에 대한 설명으로 유명하다. 또한 안셀무스는 하나님이 그리스도 안에서 인간이 되어야 했으며 또한 죄를 위해 스스로를 희생해야만 했던 이유들을 이해하려고 노력했다. 안셀무스는 신학의 과업을 '이해를 추구하는 신앙'faith seeking understanding, *fides quaerens intellectum*으로 보았다.

알레고리 *풍유를 보라.

알렉산드리아학파 Alexandrian school 이 명칭은 이집트의 알렉산드리아 도시에 그 기원을 두기 때문에 붙여진 것이며, 이 기독교 학문의 중심지를 처음에는 주후 190년부터 알렉산드리아의 클레멘스가 이끌었고 그후 202년부터 *오리게네스Origen가 이끌었다. 알렉산드리아 학파는 플라톤의 철학에 많은 영향을 받았고, 문자적·도덕적·풍유적 의미를 추구하는 성경 해석 기법에 정통했다. 다르게 말하자면, 알렉산드리아 신학자들은 성경이 문자적으로도 진실일지라도, 그것에 대한 정확한 해석은 문자적 의미보다 도덕적 혹은 풍유적 의미에 달려 있다고 가르쳤다. **참조.** *안디옥학파.

애니미즘 animism 정령 신앙 영적 존재들이 세계 속의 모든 운동, 성장, 변화(움직임) 등의 원인이라고 주장하는 신앙 체계. 비록 많은 정령 신앙자가 하나의 가장 강한 신을 인정한다 할지라도, 그들은 세상 속의 영적 존재의 현존에 훨씬 더 민감하다. 그러므로 정령 신앙자는 나무의 성장, 그리고 그 나무의 잎들이 말라 가고 땅에 떨어지는 등의 다양한 운동을 보이지 않는 영적 존재들의 가시적 효과들로 설명하려 한다.

양립가능론兩立可能論 compatibilism 양립론 인간의 자유 의지는 발생하는 모든 일을 결정하거나 의도할 수 있는 하나님의 주권적 특권과 모순되지 않는다는(양립 가능하다는) 이론. 이것을 참으로 만들기 위해, 양립가능론자들은 일반적으로 인간의 자유는 하나님의 자유와 유사하기만 할 뿐 완전히 동일하지 않다고 주장한다. 보다 구체적으로 말하자면, 인간 자유는 제한적인 반면, 하나님의 자유는 절대적이다.

양립불가능론 noncompatibilism *__양립가능론__을 보라.

양자 adoption 입양 소외된 사람들을 하나님의 영광의 부요함의 상속자들로 삼음으로써 하나님의 영적 가족의 일원이 되게 하는 하나님의 행위. 이러한 입양은 믿음 안에서 성자 예수 그리스도의 사역을 받아들임으로써요 3:16, 성령으로 태어남으로써요 3:5-6, 양자의 영을 받음으로써롬 8:15-16 발생한다. **참조.** *화해.

양자설, (그리스도) adoptionism 입양설 하나님이 나사렛 예수를 아들로 입양했다고 주장하는 이론. 다르게 말하자면, 예수는 인간으로 태어났지만, 그의 생애 기간 중 어느 특정 시점에 하나님의 아들이 되었다. 이 이론은 아버지와 예수의 영원한 관계를 가리키는 성경 본문들예. 요 17:5을 다루는 데 실패한다.

양태론 modalism *사벨리우스주의Sabellianism라 불리는 삼위일체 이단으로, 성부, 성자, 성령을 관계에 놓인 각각의 세 위격으로 보지 않고 단지 하나님의 단일한 신적 인격의 세 가지 양태 혹은 표현으로 본다. 따라서 하나님은 *구속사salvation history에 성부로서는 창조하고 율법을 수여했고, 성자로서는 구속했고, 성령으로서는 은혜를 전하는 방식으로 관여한다.

언약, 언약 신학 covenant, covenant theology 언약은 인류와 상호 구속적인 관계를 맺기 위한 하나님의 자유로운 행위를 일컫는다. 언약을 통해 하나님은 조건적 협정과 무조건적 협정으로 인간에게 복들을 내린다. 조건적으로, 하나님은 인간이 언약의 조항들에 순종할 시 그들에게 복을 준다. 무조건적으로 하나님은 언약의 조항들에 인간이 순종하든 불순종하든 상관없이 그들에게 복을 준다. 하나님은 노아, 아브라함, 모세, 다윗과 언약을 체결했다. 그러나 무엇보다도 하나님은 그리스도를 믿는 모든 자를 위해히 9:15, 27-28, 이러한 언약들을 그리스도 안에서 성취했고 또한 새 언약을 선언했다. 언약 신학은 언약을 세우는 하나님에게 초점을 맞추는 신학 체계로 언약의 역사 속에서 두 가지 위대한 언약을 본다. 그것이 바로 행위 언약과 은혜 언약이다. 언약 신학은, *타락Fall 이전에 하나님은 인류의 대표자인 아담과 행위 언약을 체결했다고 주장한다. 아담의 불순종에 대한 반응으로 하나님은 둘째 아담, 예수 그리스도와 새 언약을 체결했다. 그리스도 안에 자신의 신앙을 두는 자들은 이 은혜의 새 언약의 유익 아래에 있다. **참조.** *계약 신학.

에드워즈, 조나단 Edwards, Jonathan (1703-1758) 위대한 미국의 신학자들과 목회자들 중 한 사람인 에드워즈는 매사추세츠 회중교회의 목사로 사역했으며 제1차 대각성운동에 깊이 관여했다. 또한 에드워즈는 18세기 북미에서 *칼뱅주의Calvinism를 형성하려고 했으며 칼뱅주의 운동에 대한 신학적 설명을 하려고 노력한 사람으로 알려져 있다.

에라스무스, 데시데리우스 Erasmus, Desiderius (약 1466-1536) 에라스뮈스 데시데리위스 종교개혁 시기의 주요 인물이었던 에라스무스는 기독교 *인문주의자humanist로 성경과 그리스 및 라틴 고전에 대한 학문적 연구를 통해 교회 안에서 개혁을 추구했다. 에라스무스의 주요한 작업 중 하나가 헬라어 신약성경 출간이다. 에라스무스는, 루터나 칼뱅 같은 종교개혁자들이 헬라어 본문을 토대로 신약성경을 해석하여 자신들의 신학 작업을 해 나갈 수 있도록 도구를 제공했다는 점에서 중요하다.

에비온주의 Ebionism 에비온 신학, 에비온파 *금욕적ascetic 혹은 가난한 생활 양식에 헌신한(히브리어 에보님*ebonim*은 '가난한'이라는 뜻), 초기 유대-그리스도인 종파의 가르침. 에비온주의는 바울 서신을 거부하고, 야고보서를 따라 선행의 주제에 집중하고 그리스도인의 삶을 도덕률에 대한 엄격한 순종으로 보았고 예수를 모세 율법에 대한 완전한 순종으로 세례 시에 하나님의 기름 부음을 받은 자로 이해했다. 에비온주의가 교회에 의해 공식적으로 정죄되지 않았음에도, 널리 수용된 적은 없었다.

에큐메니즘, 에큐메니칼 운동 ecumenism, ecumenical movement 교회일치, 교회일치 운동 '거주하는 온 땅'을 가리키는 헬라어 오이쿠메네 *oikoumenē*에서 온 용어. 에큐메니즘은 예수 그리스도를 주로 고백하는 모든 교회 간의 전 세계적 일치와 협력을 추구하기 위해 노력한다. 에큐메니즘은 교회사 속에서의 수많은 분열의 결과를 불행한 것으로 인지하는데, 그중 가장 큰 분열이 1054년 동방 교회와 서방 교회의 분열, 16세기 *종교개혁Reformation 기간 중 일어난 개신교와 로마 가톨릭의 분열이다. 20세기 초 다양한 국제선교대회는 세계 복음화가 성취되려면 그리스도인의 연합이 필요하다는 연구를 진행했고, 이것이 현대 에큐메니칼 운동을 탄생케 했다. 긍정적으로 볼 때, 에큐메니칼 운동은 기독교의 모든 분파로 하여금 그들의 공통된 뿌리를 돌아보게 하고, 가능한 연합을 추구할 수 있는 필요성을 재고하게 한다. 부정적으로 볼 때, 에큐메니칼 운동은 종종 정치적 이데올로기에 초점을 맞춰 왔다. 그래서 기독교 교회의 일부 교단은 에큐메니칼 대화에 참여하는 데 머뭇거리기도 한다.

역사 비평 historical criticism 역사적·문화적 배경에 비추어서, 즉 인간적 맥락에서 나온 책으로 성경을 이해하려는 성경 해석 접근 방식. 역사 비평은 본문에 있는 '신성한' 의미를 찾기보다 본문 이전에, 그 이면에, 그 아래에 있는 역사 속에서 실제로 무엇이 일어났는지 결정하기 위해 다양한 방법을 사용한다. 비록 지식 규모에는 도움이 되지만, 역사 비평은 하나님의 책인 성경을 격하시키고 인간성만을 과도하게 강조하는 경향이 있다는 지적을 받는다.

역사 신학 historical theology 사도 시대부터 오늘날에 이르기까지, 교회의 역사를 통틀어 교회가 어떻게 성경을 해석했으며 교리가 어떻게 발전했는지를 파악하고 서술하려는 신학의 한 분과. 역사 신학의 이중적 기능은 현재에도 고수하는 신앙의 기원 및 그 발전을 보여 주는 것, 현재에도 지양되어야 하는 과거의 신학적 잘못을 밝히려는 현대 신학자들에게 도움을 주는 것이다.

역사적 예수 historical Jesus 역사 속 예수 역사 연구에 대한 현대의 접근 방식의 도구들과 방식들을 사용하여 이해되고 조사될 수 있는 예수의 인격에 대한 언급. '역사적 예수'라는 표현은 종종 기독교 교회에서 예배와 전도의 대상으로서의 '신앙의 그리스도'와 대조된다. 이러한 어법의 사용에는, 저 역사적 인물에 대해 실제로 알려질 수 있는 것, 즉 실제로 존재했던 예수와 신약 문서에 기록된 것과 같은 사도들에 의해 선포된 예수 사이에 틈이 있다는 가정이 들어 있다.

역사적 예수 연구 quest of the historical Jesus 인간 나사렛 예수를 교회에 의해 선포된 신앙의 그리스도와 구분하려고 했던 19세기 운동. 이 연구의 옹호자들은, '역사적'(초자연적이 아닌) 예수는 결단코 메시아 주장을 한 적이 없고, 자신의 죽음과 부활을 예언한 적이 없으며, 현재 교회가 지키는 *성례sacraments도 세운 적이 없다고 결론을 내렸다. 대신에 예수가 이러한 행동을 했다고 서술하는 성경의 이야기들은 비역사적 '신화'이며 신약에서 나열되는 특정한 철학적·신학적 주장들과 더불어 예수의 제자들, 복음서 저자들, 초기 교회에 의해서 예수에게 투영된 것이다. 그러나 진정한 역사적 예수는 단순하게 설교했으며, 대부분은 '하나님의 아버지됨', '인류의 형제됨'이라는 금언으로 요약된다.

역사주의 historicism 역사에 대한 두 가지 유형의 이론 중 어느 하나를 서술할 때 사용되는 용어. 첫 번째 유형의 역사주의는, 모든 것은 역사적 발전의 결과물로서 가장 잘 이해될 수 있다는 이론이다. 즉 무엇이 존재하는 것은 그것의 역사성 때문이다. 두 번째 유형의 역사주의는, 역사가 멈출 수 없는 힘을 통해 발전한다는 신념과, 역사가가 과거에서 관찰한 패턴에 기초하여 미래 역사의 결과를 예측할 수 있다는 신념이다.

역설 paradox 패러독스 명백한 모순처럼 보이는 것. 역설은 겉으로 보기에 자체적으로 모순적인 한 진술로, 혹은 상호 모순적인 여러 진술의 양식으로, 상식이나 일반적인 입장에 반대되는 듯한 진술들로 나타난다. 기독교 신앙은 다른 것들과 조정될 수 없어 보이는 듯하지만, 신앙에 의해 함께 고수될 수 있는 독립적 진리들, 즉 다양한 역설을 주장한다. 자주 인용되는 실례 중 하나가 바로 예수가 완전한 신인 동시에 완전한 인간이라는 것이다. 신학자들은 종종 이처럼 신앙의 역설적인 측면으로 보이는 것들을 간파하기 위해 노력한다.

연옥 purgatory 로마 가톨릭 신학에서, 누군가가 죽음 이후 영혼이 지복직관至福直觀, beatific vision, 즉 삼위일체 하나님을 완벽하게 '보고' '아는' 경지에 이르기 전에 필요할지도 모르는 정화와 성숙의 장소. 개신교는 일반적으로 성경에서 근거를 찾을 수 없으며 이 땅에서의 유한한 인생의 의미와 최종성을 부정한다는 이유로 연옥에 대한 개념을 거부한다.

영감(설) inspiration 인간 저자들이 하나님이 원하는 것을 성경에 기록하도록 능력을 베푸는 성령의 사역을 설명하기 위해 수많은 신학자가 사용하는 용어. 받아쓰기(인간 저자들은 기록자로서 하나님이 말씀하는 것을 문자 하나하나 기록했다는 이론)로부터 시작해서 황홀경 상태로 기록하는 것(인간 저자는 자신의 창의성의 절정의 상태에서 기록했다)까지 포함하여 하나님이 어떻게 성경 형성의 과정을 '감독했는지'에 대해 설명하는 이론들은 다양하다. 영감에 대한 대부분의 *복음주의 이론들은, 성령이 신적으로 성경의 기록을 인도하는 동시에 적어도 그 문체, 어법, 단어 선택에 관하여는 저자의 문화적·역사적 배경의 요소들이 흘러들도록 했다고 주장한다.

영감, 완전 plenary inspiration 하나님이 궁극적으로 성경 전체의 저자라 주장하는 성경 영감에 대한 후기 *종교개혁Reformation의 견해. 즉 영감에 있어서 하나님의 감독은 성경 전체에 확장될 뿐만 아니라 성경의 구석구석에도 미친다. 완전 영감은 교회가 성경이라 확언한 모든 것이 그리스도인의 믿음과 실천 모두에 권위적이면서도 유용함을 보증한다.

영광 glory 하나님의 직접적인 임재라는 접근할 수 없고 강력한 현현을 언급할 때 사용하는 성경의 용어. 영광에 대한 성경적 개념은 형언할 수 없는 아름다움과 엄위에 대한 함축들을 전달한다. 동시에 그것은 절대적으로 순수하고 인간의 죄성에 맞서 두려울 정도의 '거룩'을 암시한다. 신약에서는, 그리스도를 믿는 믿음을 간직한 자들을 제외하고, 어떤 영광은 사람들의 시야에서 적어도 부분적으로는 가려져 있지만, 그럼에도 그리스도가 하나님의 영광이라고 말한다. 특별히 그리스도의 영광은 죽은 자로부터의 *부활resurrection과 성부의 오른편을 향한 그의 *승천ascension의 결과다.

영벌 damnation 최후 *심판judgment과 동의어로, 영벌은 자신들의 죄로 인해 하나님의 영원한 나라에 들어가지 못할 것이며 하나님과의 영원한 분리로 인해 고통받을 자들에 대한 하나님의 영원한 저주를 가리킨다. 또한 성경은 사탄과 그의 반역을 따른 악한 영들도 그들의 불의한 행위로 인해 영벌의 고통을 당할 것이라고 한다.

영성, 기독교 spirituality, Christian 신자들이 하나님과 갖는 관계이자 예수 그리스도의 교회의 일원으로서 성령 안에서 사는 삶. 오늘날 영성은 종종 물질에 집중하고 관심을 쏟는 것과는 대조적인 의미로 '영'의 문제에 흥미를 갖고 관심을 두는 것을 가리킨다. 기독교 영성은, 삶의 모든 차원을 기독교적으로 형성하기 위해 헌신을 쏟는 열망을 수반한다. 어떤 이들은 기독교 영성을 성경 공부, 기도, 예배 등과 같은 어떠한 기독교 실천들에 참여함으로써 표현되는 것으로 본다.

영원, 영원성 eternity, eternality 절대적 의미로 '영원'은 시작도 없고 끝도 없는 영역이다. 시간에 대한 상대적 개념을 가리키는 용어로서, '영원'은 시간 너머에 놓인 것이고 시간에 의해 제약되지 않는 무엇이다. 따라서 영원성은 하나님에게만 부여될 수 있는 혹은 하나님만의 특징이라고 할 수 있는 것이다. 왜냐하면 하나님에게는 시작도 끝도 없기 때문이다. 영원성은 또 다른 방식으로도 하나님에게만 적용되는데, 즉 하나님만이 오직 원인을 갖지 않는다.

영지주의 Gnosticism 2세기 교회에서 특별하게 영향을 미쳤던 광범위한 비율의 초기 그리스 종교 운동. 많은 성경 해석가는 어떤 신약 문서요한1서는 영지주의적 가르침에 답을 주는 혹은 논박하는 것으로 본다. '영지주의'라는 단어는 '지식'을 뜻하는 헬라어 '그노시스'gnosis로부터 유래한다. 영지주의자들은 초신자는 접근할 수 없는 은밀한 혹은 더욱 높은 단계의 지식을 열성 신자가 획득함으로써, 어떤 특별한 영적 깨달음을 얻는다고 믿었다. 또한 영지주의자들은 물질 영역보다는 영적 영역을 강조하며 물질 영역은 악하므로 피해야 한다고 주장하는 경향이 있었다.

영혼 soul 종종 죽음 이후에도 존속한다고 여겨지는 개별 인간(고유한 '인격')의 영적인 성질 또는 생명, 존재, *본질essence. 인간 인격이 영과 몸과 거기에 혼soul이 더하여 구성되는지, 영혼은 몸과 구별되는 실체인지, 영혼은 단순하게 육체를 입고 있는 단일한 전체로서의 인격을 가리키는 표현인지 등의 문제가 주요 신학적 쟁점이다.

영혼소멸설 annihilationism 영혼멸절설 모든 악인은 하나님에게 심판받아 불구덩이에 던져져 소멸될 것이라는 믿음. 영혼소멸을 주장하는 사람들 중에는, 이것이 즉시 일어날 것이라 주장하는 사람도 있고, 또한 불의한 자들이 짧은 순간이나마 의식적으로 고통을 경험할 것이라고 믿는 사람도 있다. 그러나 모든 영혼소멸론자는 악인이라 할지라도 지옥에서 영원히 의식적인 고통을 경험할 사람은 없다는 점에 의견이 일치한다. **참조.** *조건적 불멸.

영혼유전설 traducianism 인간의 영혼은 특별하게 인간의 신체를 위해 하나님에 의해 무로부터ex nihilo 창조된다는 견해와 달리, 인간의 신체뿐 아니라 인간의 영혼도 부모에게서 자녀에게 전달된다는 견해. 이 가르침은 교부 시대까지 거슬러 올라가기는 하지만, 로마 가톨릭과 개혁파의 *창조론creationism에 대한 선호와는 대조적으로 특별히 루터교 진영에서 중시된다.

영혼의 선재 preexistence of the soul *오리게네스Origen 및 기타 그리스 교부들에 의해 취해지는 플라톤적인 견해로, 영혼은 하나님과 함께 태어나기 전부터 존재했으며 땅을 추구한 죄의 형벌로 육체에

갇히게 되었다(그럼으로써 오염된 존재가 되었다)고 주장한다.

영화 glorification *구원salvation의 과정의 마지막 단계, 즉 예수 그리스도의 재림 시 육체의 *부활resurrection과 영원한 *하나님 나라kingdom of God에 들어감. 신자들은 영화의 단계에서 영광스러운 그리스도의 형상과 모양을 완전하게 따라 입으며 육체적 약점과 영적 결함 둘 다로부터 자유로워진다. 영화는 신자들이 결코 육체적으로 쇠하거나 죽거나 질병을 다시는 경험하지 않을 것을, 그리고 죄와 다시 싸울 필요도 없을 것을 보장한다.

예배 worship 하나님을 숭배하고 찬양하는 행위, 혹은 존경과 섬김을 받기에 마땅한 분인 하나님에게 드려질 만한 행위. 예배하는 공동체가 되어야 하는 교회벧전 2:5는 기도로, 시와 찬미와 신령한 노래로, 성경 낭독과 해설로, *성례sacraments로, 개인 및 공동체의 거룩한 삶과 봉사로 교회의 예배를 나타내되, 공동으로 그리고 공적으로(즉 *예전적으로liturgically) 나타낸다.

예전 liturgy 희생의 개념과 연결되며, 처음에는 성전과 연결된 제사장적 직무를 나타냈다가예. 눅 1:23, 그 후에 기독교의 성직 및 예배와도 연결된 헬라어 레이투르기아leitourgia로부터 온 단어. 예전은 교회의 공식적인(또는 비공식적인) 공공의 그리고 집단의 예배의식을 가리키게 되었으며, *성찬Eucharist(혹은 교제), 세례 및 기타 성스러운 행위를 포함한다. 일반적인 교회 전통들(로마 가톨릭, *동방정교회Eastern Orthodox, *성공회Anglican 등)은 예배의 형식(즉 예전)을 갖추고 그것을 따르지만, 많은 개신교 교회는 덜 구조화된 방식을 선호한다. 이것은 때때로 '예전적 교회'와 '비예전적 교회'를 구별하게 만들기도 한다.

예정 predestination 하나님의 주권적인 결정과 예지. 어떤 신학자는 신의 예지를 *구속사salvation history의 중심 사건, 특별히 하나님에 의해 미리 결정된 예수의 죽음과 연결시킨다. *칼뱅주의Calvinist 신학에서 예정 교리는 더욱더 구체적으로, 하나님이 모든 사람 가운데서 영원부터 자신과 영원한 교제로 들어올 구체적인 사람을 선택했다는 것을 가리킨다. 일부 칼뱅주의자들은, 하나님은 또한 나머지 사람을 *영벌damnation로 예정(혹은 지명)했다고 덧붙인다.

예지, 하나님의 foreknowledge 문자적으로 '미리 아는 것'을 의미하는 성경의 용어(헬라어 프로그노시스*prognōsis*로부터 유래). 일부 신학자들은 예지를 사랑의 관계로 들어올 개인이나 백성 집단에 대한 하나님의 개별적인 선택을 언급하는 것으로 본다. 이런 의미로 파악된 예지는 단순히 미래에 일어날 사건을 아는 것 그 이상이다. 비록 그것도 포함되겠지만 성경은 그 용어를 연대기적인 의미보다 관계적인 의미로 사용하기 때문이다. 따라서 하나님의 예지는 사람들, 심지어 존재하기도 전인 사람들에 대한 하나님의 호의적인 태도를 포함한다.

오리게네스 Origen (주후 185-254) 초기 그리스 교회의 신학자이자 성경학자. 오리게네스는 자신의 연설과 기념비적인 작품들을 통해 아주 활발하게 *정통orthodox 기독교 신앙을 수호했다. 그러나 그의 일부 신학적 견해나 성경에 대한 접근 방식으로 인해 오리게네스는 주후 553년, 제2차 콘스탄티노플 공의회에서 이단으로 선언된다. 그의 논쟁적인 삼위일체에 대한 견해는 *아리우스주의Arianism와 훗날의 정통 삼위일체 신학 모두의 기초를 놓았다. 오리게네스는 아마도 영원토록 성부가 성자를 낳는다는 '성자의 영원한 출생'이라는 견해로 가장 잘 알려져 있을 것이다. 이 출생은 시간 속에서의 행위가 아니라 영원한 행위다.

오순절, 오순절운동 Pentecost, Pentecostalism 본래는 구약의 몇 주에 걸친 절기의 절정의 날로, 교회는 오순절을 예수의 *부활resurrection 이후 50번째*pentēkostē* 되던 날 제자들 위에 성령이 찾아온 것을 기념하는 연례행사로 축하한다. 오순절 운동은 20세기 초에 시작되었는데, 개종 후 모든 신자가 '성령 세례'를, 바로 그 세례에 대한 첫 증거로서 *방언glossolalia을 받아야 함을 강조한다. 역사적으로 오순절 운동가들은 선교에 열정이 있는 사람들이었고, 이는 어느 정도는, 최초의 오순절 운동가들이 성령 세례의 가장 주된 목적이 복음전도를 위한 능력을 신자들에게 부여하기 위함이라고 가르친 것과 연관이 있다.

오이코노미아 *oikonomía* '경제' 혹은 '경영'을 가리키는 헬라어. 신학에서 이 용어는 *구속사salvation history 혹은 피조 세계에 대한 하나님의 섭리적 계획과 돌봄(경영)을 가리킨다. 보다 더 구체적으로, 오이코노미아는 특별히 그리스도의 *성육신incarnation과 성령의 파송 등, 하나님의 구원 계획에 있는 주요한 사건들과 동의어가 되었다.

오직 믿음(솔라 피데) *sola fide* '오직 믿음'을 뜻하는 라틴어로, 의롭게 되고 하나님의 은혜를 받는 유일한 방법은 믿음을 통하는 길이라고, 즉 그리스도의 공로를 자신의 것으로 수용하는 길이라고 주장하는 *종교개혁Reformation, 특히 루터교의 교리.

오직 성경(솔라 스크립투라) *sola scriptura* '오직 성경'을 뜻하는 라틴어로, 성경이(성경에 교회의 전승을 추가하는 것이 아니라) 그리스도의 계시의 유일한 원천이라는 *종교개혁Reformation의, 특히 루터교의 원리. 결과적으로, 성경은 교회 내에서 하나님의 말씀으로 다스리며, 교황이나 교회의 *교도권magisterium, *교의dogma에 방해받지 않으며, 교회 전승을 통해 온다고 할 수도 있는 부가적인 계시와 견줄 수 없다.

오직 은혜(솔라 그라티아) *sola gratia* '오직 은혜'를 뜻하는 라틴어로, *구원salvation은 인간의 행위가 아닌 구원하는 그리스도의 죽음과 *부활resurrection로 성취된 하나님의 거저 주는 은혜라는 *종교개혁Reformation의, 특히 루터교의 교리. *의righteousness 혹은 *칭의justification는 믿음을 통해 거저 주는 하나님의 은혜에 의해 온다. 이와 대조적으로, 로마 가톨릭 교리는, 오직 하나님 편에서 인간과의 협력을 가능하게 만들지만, 그럼에도 하나님이 인간의 자유로운 협력을 요구한다고 가르친다.

오컴의 면도날 *Occam's razor* 유명론 철학자 오컴의 윌리엄약 1300-1349의 주요한 공리 중 하나. 어떤 현상을 설명할 때 사용되는 원리는 불필요하게 늘어나면 안 된다. 근대 시대에 오컴의 면도날은 관점에서 초자연적인 것을 제거하는 데 사용되었다. 따라서, 예를 들면 비판자들은 우리가 뇌전증이나 정신 질환과 같이 단순히 인간의 질병으로 더 잘 나타낼 수 있는 것을 설명하기 위해, 더 이상 귀신 들림demonic possession에 호소할 필요가 없다고 주장한다. (Okham으로도 표기한다.)

완성, (종말적/최후의) consummation 일반적으로 역사 속에서 하나님의 사역의 시대의 마무리 내지는 역사의 절대적 마무리(최후의 완성)를 가리킨다. 대다수의 신학자는 이 완성이 지상적 천년왕국의 설립(*전천년설premillennialism)을 수반하든지, 역사 그 자체의 완성(*후천년설postmillennialism, *무천년설amillennialism)이든지에 상관없이, 그리스도의 재림을 이 완성의 분명한 모습으로 본다.

완전 영감 *영감, 완전을 보라.

욕망 concupiscence 육욕, 정욕 죄에 참여하려는 타락한 인간의 경향성 내지는 강한 욕구를 묘사하는 단어. 욕망은 인간 의지가 '항상' 죄에 빠진다는 점을 함축하는 것은 아니며 단순히 인간 의지가 죄를 선택하지 않을 때조차도 그 죄를 욕구하고 있음을 의미한다.

우리 밖에 *extra nos* 엑스트라 노스 이 라틴어 표현은 종종 *구원salvation의 자리 혹은 근거가 철저하게 인간 외적인 것임을 언급하기 위해 사용된다. 다르게 말하자면, 구원이 '우리 밖에' 있다고 주장하는 것은 구원은 인간 의지의 행위이든 사상이든, 인간에게 있는 그 어떤 것을 기초로 발생하는 것이 아님을 뜻한다. 대신에 '우리 밖에' 있는 구원은 전적으로 하나님의 행위임을 확언한다. 즉 하나님은 자유로이 주권적으로 개인에게 구원을 하사한다.

우시아 *ousía* 본질 '실체' 또는 '존재'를 가리키는 헬라어. 삼위일체론적 사고는, 비록 성자는 자신의 우시아를 성부로부터 가져오지만, 성자의 우시아가 정확하게 바로 그 성부의 우시아라고 주장한다(*호모우시오스*homoousios*를 보라). *갑바도기아 교부들Cappadocian fathers은 자신들의 *삼위일체Trinity 교리에 대한 진술 속에서, 하나님은 한 우시아에 세 휘포스타세이스*hypóstaseis*(휘포스타시스의 복수 표기ⓣ)라고 선언했다.

우연성 contingency 우발성 철학에서, 모든 사건 내지는 대상은 그것을 일어나거나 존재하게 하는 다른 사건이나 대상에 의존한다. 이는 다른 사건과 대상에 의존하지 않고 발생하거나 존재하는 '필연적' 사건 내지는 대상과는 대조된다. 예를 들어 많은 철학자들은 피조 세계의 모든 대상과 사건은 하나님과는 달리 우연히 발생하는 것이며, 하나님은 그 정의상 영원하고 따라서 존재 '해야만' 하기에 필연적 존재라고 주장한다.

우주론 cosmology '세계'를 가리키는 헬라어 '코스모스'*kosmos*로부터 기인한 용어인 우주론은, 우주의 기원, 본질 및 앞으로 이어질 역사를 파악하기 위한 시도를 가리킨다. 우주론은, 신학과 과학 둘 모두 우주에 최초의 원인이 존재하는지, 우주에 목적이 있는 방향성과 설계가 있는지를 이해하는 데 관심을 갖는다는 점에서, 신학과 과학이 상호작용하는 영역이기도 하다.

우주론적 논증(증명) cosmological argument 세계(헬. 코스모스*kosmos*), 세계의 사물들, 세계의 과정들에 대한 관찰에 호소함으로써 신 존재를 설명하려고 시도하는 모든 논증. 예를 들어 *토마스 아퀴나스Thomas Aquinas는 운동하는 모든 것은 그것을 움직이게 하는 무엇인가를 시사한다고 논증한다. 따라서 모든 운동에는 반드시 그보다 앞선 사동자mover가 있어야 한다. 아퀴나스는 이러한 인과 연쇄causal chain를 추적하면 결국 제1사동자, 즉 부동의 원동자에 이른다고 주장했다. 아퀴나스는 바로 이 부동의 원동자를 하나님이라고 결론 내렸다. **참조.** *다섯 가지 길.

원죄, 원의 original sin, original righteousness (justice) 엄격하게 말하자면, 원죄는 모든 인간이 날 때부터 하나님에게서 소외된 상태에 들어가는 것이다. 이와 대조적으로, 원의(혹은 원 정의)는 아담과 하와가 죄로 타락하기 이전의 실존으로 여겨지는 무죄 상태다. 따라서 그들이 하나님에게 아직 불순종하기 전, 그 첫 사람들은 하나님 보시기에 의로웠다(무죄했다). 역사적으로, 원죄는 아담의 죄가 모든 인류에게 영향을 미치는 방식, 즉 아담의 타락한 본성의 전달을 통해서인지 아니면, 하나님이 아담의 죄를 전가imputation(주입crediting)함으로써 그러한 것인지에 대한 논의와도 관련된다.

웨스트민스터 신앙고백(문)(서), 웨스트민스터 교리문답(서) Westminster Confession and Catechisms 잉글랜드 국교회에 청교도 구조를 세우는 데 도움을 주기 위해 잉글랜드 의회의 의뢰를 받은(그러나 나중에는 거부된) 신앙고백. 1646년에 완성된 웨스트민스터 신앙고백은 영어권 세계에서 가장 영향력 있는 개혁파 신앙고백으로 영국과 미국 장로교파에서, 그리고 침례교와 회중교회에서도 수용되었다. 웨스트민스터 대소 교리문답서는 웨스트민스터 신앙고백 문서의 신학을 따르며 개혁파 전통 내에서 공식적인 교리적 가르침으로 사용된다.

웨슬리 사대 원리 Wesleyan quadrilateral 웨슬리 사변형 종종 그로써 웨슬리 신학이 구성되고 수호되는 네 가지 '근원들.' 즉 성경, 이성, 전승, 경험을 일컫는다. 오늘날 웨슬리 사대 원리가 실제로 웨슬리 자신의 것으로 거슬러 올라가는지에 대하여 논쟁이 있지만 일반적으로 웨슬리 사대 원리는 웨슬리 자신의 신학적 접근 방식이라는 데 대체로 동의한다.

웨슬리주의, 존 웨슬리 Wesleyanism, John Wesley (1703-1791) *감리교 Methodism의 창시자인 존 웨슬리와 그의 신학을 자신들의 기원으로 보거나, 혹은 그로부터 나왔거나, 혹은 그와 연관된 여러 단체들과 교회. 여기에는 다양한 감리교회들, *성결 운동Holiness Movement, *오순절 운동Pentecostalism 등이 포함된다. 웨슬리의 신학은 이신*칭의justification 교리와 신자의 삶의 *성화sanctification에 있어서 성령의 지속적인 사역에 대한 강조의 균형을 맞추려고 노력한다. 웨슬리주의자들은 주로 완전 성화와 두 번째 축복 교리로 유명하다. 웨슬리주의자들은 자신들의 역동적인 개인 *구원salvation에 대한 이해로 *칼뱅주의Calvinist에 반대하고 주로 *아르미니우스주의Arminian로 기우는 경향이 있다.

유니테리언주의 Unitarianism 반삼위일체론으로 언급되기도 하는 유니테리언주의는(성부는 시간 안에서 성자를 낳았기 때문에 성자는 영원하지 않다고 논증하는) *아리우스Arius의 *삼위일체Trinity 교리에 대한 거부에 뿌리내리고 있다. 현대 인문주의적 유니테리언주의는 성경과 초자연적인 것에 대한 권위를 거부하는 등 *계몽주의Enlightenment와 19세기 초월주의의 영향을 반영한다. 현대 유니테리언주의자들은 일반적으로 예수를 윤리적 이상이자 위대한 도덕 교사 혹은 하나님으로부터 온 사자로 말한다. 그러나 유니테리언 사상에서 예수는 영원한 성부의 영원한 아들이 될 수 없다. 왜냐하면 하나님은 한 분이며 세 위격이 아니기 때문이다.

유명론 nominalism 보편적 원리의 객관적 실재를 부정하는 지식에 관한 이론으로, '보편자'는 개인의 지성 안에만 존재하며 실재하지 않는 순수 개념일 뿐이라고 주장한다. 이 이론은 때때로 중세 사상가 오컴의 윌리엄의 것으로 여겨진다(*오컴의 면도날Occam's razor을 보라).

유물론 materialism 물질주의 물질적 재료만이 실재 혹은 존재의 범주이며, 따라서 존재하는 모든 것은 정신의 표현이라기보다는 물질의 표현이라고 주장하는 철학적 관점. 더 대중적인 어법을 따르면, 이 용어는 인간 존재의 핵심 목표가 돈과 소유의 추구임을 나타낸다. **참조.** *일원론.

유사본질, 동일본질 homoiousios, homoousios 3-4세기 동안 성부 하나님과 성자 예수의 관계를 둘러싼 논쟁에서 사용되었던 헬라어. 호모이우시오스(문자적으로 유사본질)는 반semi 아리우스파가 성자는 성부와 유사하지만 동일한 본질은 아니라는 것을 논하기 위해 사용되었다. 호모우시오스(문자적으로 동일본질)는 *아타나시우스Athanasius와 그 외 다른 이들이 성자가 성부로부터 자신의 본질을 끌어오며, 따라서 성부와 동일 본질을 공유한다는 것을 논증하기 위해 사용되었다. 결국 동일본질이 *정통orthodox 가르침으로 수용되었다.

유신론 theism 다른 모든 신념을 알게 하는 근본적인 개념으로 하나님의 실재를 전제하는 신념 체계. 즉 모든 세계관은 신이 존재한다는 신념에 닻을 내리고 있다.

유신론적 진화주의 theistic evolutionism 진화적 유신론 하나님의 말씀으로서의 창세기의 진실성을 전적으로 신뢰하면서도, 동시에 창조 기사에 대한 비문자적 견해를 취함으로써 유기체의 진화에 대한 과학 이론을 창세기 해석에 연결하려는 시도 가운데 일어난 지구상의 생명 발전에 대한 이해. 유신론적 진화주의는 다양한 종이 진화 과정을 통해 발생했을지라도 하나님이 생명의 발전에 개입했다고 가르친다. 즉 진화는 하나님이 이 지구상의 생명을 창조하는 신적 목적을 위해 하나님이 사용한 방식이었다. 유신론적 진화주의자들은 일반적으로 창조, 원죄, 인간의 부패, 구속의 필요성 등에 대한 기독교의 고전적인 교리를 유지한다.

유아 세례 pedobaptism, paedobaptism (infant baptism) 그리스도에 대한 신앙을 말로 표현하기에 아직 충분히 성숙하지 않아 보이는 유아나 어린이들에게 세례를 베푸는 행위. 유아 세례의 의미에 대해서는 여러 가지 생각이 있다. 어떤 그리스도인들은 *중생regeneration을 유효하게 하는 행위로 보기도 하며, 어떤 이들은 인격적으로 반응하기에 아직 미숙한 유아에게 미치는 하나님의 은총의 상징으로 보며, 또 다른 이들은 구약의 *할례circumcision처럼 유아 세례를 *언약covenant 공동체의 일원으로 들어온 것에 대한 표시로 생각하기도 한다.

유출 emanation 문자적으로는 '무엇으로부터 흘러넘침'을 의미하는 용어. 이 용어는, 피조 세계를 하나님이 무로부터ex nihilo 창조하신 것이 아닌 하나님의 충만함이 흘러넘친 것으로 이해했던 고대 그리스 철학자들에게서 생겨났다. 창조를 하나님의 유출로 보는 이러한 개념은 중세 철학자들과 신학자들이, 창조는 실제로 하나님으로부터 천사들의 영적 세계를 지나, 인간과 동물이라는 물질 세계를 거쳐, 마지막으로 물리적 사물들의 세계까지 점점 아래를 향해 흐르는 위계질서라고 주장하는 데 사용되었다. **참조**. *크레아티오 엑스 니힐로.

유효성, 유효한 efficacy, efficacious 만들어진 혹은 주어진 목적을 성취하기 위한 어떤 것의 능력을 묘사하는 용어. 이 용어는 일반적으로 하나님의 목적과 은혜와 관련하여 사용된다. 즉 하나님의 은혜는 그 대상이 되는 사람의 *구원salvation을 이룰 수 있게 하는 한, 유효한 것이다. 따라서 유효한 은혜는 오직 인간의 구원을 완전하게 이룰 수 있는 은혜로서 하나님에 의해서만 제공될 수 있다.

윤리학 ethics 옳고 그름, 즉 도덕을 구성하는 것은 무엇이며, 선과 선한 삶이란 무엇인지에 대한 철학적·신학적 연구 영역. 윤리학은 선한 삶을 탐색함에 있어, 혹은 삶의 일반적인 상황에서나 구체적 상황에서 바르게 행동함에 있어, 통찰력이나 원리 혹은 어떤 지침 체계를 제공하려고 한다. 대체로 윤리 체계들은 의무론적deontological(본래적으로 옳고 그른 것이 무엇인지를 확립하거나 밝혀냄으로써 행동을 인도하려는 것)이거나 *목적론적teleological(윤리적 결정과 행위가 가져올 결과나 목적을 파악함으로써 행동을 인도하려는 것)이다.

율법, 율법주의 law, legalism 구약에서 '율법'은 대체로 다양한 것을 의미하는데, 토라(특별히 성경의 처음 다섯 권의 책 혹은 모세오경), 십계명, 하나님과의 언약적 관계로 구별된 이스라엘 백성의 정체성을 세워 주는 다양한 규정들을 포함한다. 예수는 율법을 두 계명으로 요약했다. 마음을 다하고 목숨을 다하고 뜻을 다하고 힘을 다하여 하나님을 사랑하는 것과 이웃을 자신과 같이 사랑하는 것. 바울은, 인간에게 죽음을 선고하는 율법의 형벌로부터 인간을 해방한 그리스도 안에서 율법이 성취되었다고 선언했다. '율법주의'는 도덕을 율법에 대한 엄격한 복종과 동일시하는, 혹은 도덕 규정들을 공동체의 경계를 정하는 것으로 보는 태도다. 종교적 율법주의는 순종이 하나님의 호의를 얻는 도구라 보는 (잘못된) 가정에 기초하여 율법 혹은 도덕 규정에 복종하는 데 집중하는 것이다.

율법의 세 번째 용도 third use of the law 하나님의 율법은 첫째, '초등학문'으로서 죄인을 그리스도에게로 인도하는 기능이 있고, 둘째, 인간의 악함과 행동을 억제하는 역할이 있다. 그에 더해진 셋째 목적이자 용도는 신자들에게 *성화sanctification의 길과 방향을 제공하는 것이다. *루터교Lutheran 전통은 율법의 처음 두 용도에 집중하는 경향이 있지만, *개혁파Reformed 신학자들은 율법의 세 번째 용도에 자리를 제공하며, 하나님의 율법에 대한 순종을 통해 성장하는 개념인 성화를 더욱 강조한다.

율법 폐지론 *도덕률 폐지론을 보라.

은사, 은사 운동 *카리스마를 보라.

은유, 은유 신학 metaphor, metaphorical theology 은유란 비유적 표현의 하나로, 그 표현 속에서는 단어나 어구의 일반적 의미(예. 뱀)가 다른 어떤 의미(예. 해를 가함)를 대신하여 그것들 간의 유사성을 암시하며 사용된다(예. 단은 길섶의 뱀이요). 은유 신학은 오직 은유를 통해서만 하나님에 대해 이야기할 수 있다고 주장한다. 따라서 우리는 하나님(초월자)에 대한 우리의 경험을 명명하기 위해 은유를 사용해야만 한다. 결론적으로 하나님은 상관적 용어로만(즉 은유라는 상관적 언어를 통해서) 서술될 수 있다. 더 나아가 샐리 맥페이그Sallie McFague와 같은 은유 신학자들은 일반적으로 그러한 은유들은 문화적으로 조건 지어진 표현이며, 우리의 지성이 경험을 이해할 수 있게 만들려고 노력하면서 창조한 표현이라고 주장한다.

은혜(일반 은혜, 유효 은혜, 선행 은혜) grace (common, efficacious, prevenient) 은총 성경의 중심 개념 중 하나로, 은혜는 피조물을 향한, 특별히 인간을 향한 하나님의 사랑의 행위를 말한다. 은혜는 일반적으로 성자 예수 그리스도를 향한 성부 하나님의 사랑이 넉넉히 흘러넘치는 것이다. 이 사랑은 성령이 가능케 하는 하나님과의 사랑의 관계로 사람들이 들어갈 수 있도록 예수를 내어 주는 하나님의 이타심을 통해 가장 명백하게 입증되었다. 일반 은혜는, 사람들이 하나님을 알고 사랑하든지 그렇지 않든지 상관없이 하나님의 호의가 섭리적 돌봄을 통해 모든 사람에게 뻗어 있음을 말한다. *유효 은혜efficacious grace는 *구원salvation을 위해 그리스도를 믿는 믿음을 갖는 사람에게 찾아오는 특별한 은혜의 적용을 말한다. 그러한 하나님의 특별한 행위는 사람에게 참된 구원이 일어나게 한다. *선행 은혜prevenient grace는 종종 보통 은혜와 동의어로 여겨질 수도 있지만 보다 구체적으로는, 모든 사람이 선택하기만 하면 하나님이 복음에 호의적으로 반응할 수 있게 한다는 웨슬리의 개념을 가리킨다.

은혜, 불가항력적인 irresistible grace 성령은 하나님이 *선택elect한 사람들의 마음속에서 일하며 그로 인해 그들은 하나님이 전달하는 구원의 *은혜grace에 저항할 수 없으며, 적어도 저항하지 않을 것이라는 *칼뱅주의Calvinism 신학에서 발견되는 가장 핵심 교리 중 하나. 대다수의 칼뱅주의 신학자는 하나님의 (피조 세계가 주는 증거를 통해 모든 인간에게 주어지는) 일반 은혜와 (사람들의 마음에 직접 호소함으로써 그들이 신앙으로 반응하고 그럼으로써 거절할 수 없는) 하나님의 구원의 은혜, 혹은 유효 은혜를 구분한다.

음부강하 descent into hades (hell) 지옥강하 그리스도의 죽음과 *부활resurrection 사이의 어느 순간에, 그리스도가 이미 죽은 자들의 거주지(헬. 하데스*hadēs*, 히. 스올*sheol*)를 방문하여 십자가에서 성취한 *구원salvation을 선포했다는, 혹은 일부 해석에 따르면 사탄에 대한 승리를 선포했다는, 사도신경의 후대 판본에서 고백하는 믿음. 그리스도의 음부강하를 문자적 사건으로 보는 성경의 암시들이 있지만엡 4:9-10; 벧전 3:1-20, 교회에서 보편적으로 수용되지 않고 있으며, 대개 죄인들을 대신한 그리스도 수난의 완전한 범위(과거, 현재, 미래)를 표현하는 상징으로 이해되어 왔다. [한국 개신교에서는 루터교(…음부에 내리신 지 사흘 만에)와 성공회(…저승에 가시어 사흗날에)에서 수용됨.ⓒ]

의 righteousness 하나님의 속성 중 하나. 하나님의 올바르고 정의로운 성품, 행위, 판단. 언약적 맥락에서 이해되는 하나님의 의는, 하나님의 백성과 그들을 압제하는 자들에 대한 하나님의 올바른 판단, 하나님이 신실하게 대하리라 약속한 언약의 대상이 되는 자들에게 미치는 하나님의 *구원salvation과 자비 등 이 모든 것을 포함한다. 의와 구원은 예수 그리스도의 죽음과 *부활resurrection을 믿는 모든 자들에게 압축적으로 나타나는 것이며 또한 그들에게 제공되는 것이다. 더 나아가, 의는 예수의 제자들의 특징이어야 하는 삶의 유형을 의미한다. 신자들은 하나님을 '본받아야' 하고, 그렇게 함으로써 하나님이 의로운 것처럼 삶 속에서 의롭게 된다.

이단 heresy 성경과 *정통orthodox 교리에 반대되기에 결국 기독교 공동체에서 거부된 모든 가르침. 이단적이라 선언된 대부분의 가르침은 하나님의 본성이나 예수 그리스도의 인격과 관련된다. 일반적으로 이단이라는 용어는 비기독교 신앙을 특정하기 위해 사용되지 않는다. 말하자면, 기술적으로 *무신론atheism이나 *불가지론agnosticism과 같은 신념 체계들, 불교나 이슬람교와 같은 비기독교 종교들은 이단이 아니다. 이단이라는 용어는 자신들의 신념이 기독교적이며 성경적이라 주장하고 있음에도 그것을 기독교라 하기 힘들기에 혹은 반성경적이기에 교회로부터 거절당한 모든 신념 체계에 적용된다.

이레나이우스 Irenaeus (주후 약 130-200) 이레네우스 감독으로 교회를 섬긴 초대 그리스 교부이자 특히 당대의 *영지주의Gnostic 이단에 저항하여 글을 쓴 신학자이자 변증가. 이레나이우스는 총괄갱신 recapitulation 교리를 제안한 사람으로 가장 잘 알려져 있다. 이 교리는, 그리스도는 모든 인간에게 의도된, 특히 아담의 죄로 인해 잃어버린 모든 것에 비추어 볼 때, 모든 것을 '압축하여 보여 주기'(재현하기) 위해 오셨다고 주장한다.

이마고 데이, 하나님의 형상 imago Dei, image of God 하나님의 피조물인 인간의 독특성을 묘사하는 용어. 창세기의 창조 기사는 아담과 하와가 하나님의 형상과 모양으로 창조되었다고 말한다창 1:26-27. 신학자들은 하나님의 형상이 실제로 무엇을 말하는 것인지에 대해서 의견을 달리하지만, 대다수는 그 형상이 신체적인 것이 아니며, 대신에 하나님의 형상에는 의지, 정서, 이성이 있다는 점이 포함된다는 데 동의한다. 이는 곧 생각하고 창조적으로 행동할 수 있는 능력이며 또한 다른 이들과 사회적으로 상호작용할 수 있는 능력이기도 하다. 성경은 하나님의 형상이 인간에게 고유한 것으로 여기며, 그 형상은 어떤 의미에서는 *타락Fall 이후에도 여전히 존재한다고 가르친다약 3:9. 무엇보다 그리스도(그리고 더 나아가 그리스도 안에 있는 자들)야말로 하나님의 형상이다.

이분설, 이분설자 dichotomy, dichotomist 문자적으로, 이분dichotomy은 어떤 항목들을 상호 배타적인 두 범주로 나누는 것이다. 신학에서 이분설이 사용되는 방식은 여럿이 있지만(하나님과 인간의 구분, 시간과 영원의 구분 등), 이는 주로 인간이 두 개의 구별되는 요소들, 곧 육체body와 영혼soul으로 구성된다는 이론을 가리킨다. 무엇이 실재를 구성하는지에 대한 이론(*형이상학metaphysics)에 적용될 때 신학적 이분설은, 실재가 두 영역, 즉 물질 세계(신체적이고 구체적인)와 비물질 세계(영적이고 추상적인)로 나뉜다고 주장한다.

이신론 deism 신을 멀리 있는 존재로 보는, 즉 하나님이 우주를 창조했으나 우주에 만들어 놓은 '자연 법칙'을 따라서 스스로 그 과정이 흘러가도록 내버려 둔다는 믿음. 이신론자들의 견해를 설명하기 위해 자주 사용되는 비유는 시계를 만드는 기술자에 대한 것이다. 즉 시계공이 태엽을 감고 나서 시계가 스스로 '돌아가도록' 내버려 둔다는 비유다. 이신론은 초기 근대 시대에 대중화되었고, 조지 워싱턴George Washington, 벤저민 프랭클린Benjamin Franklin, 토머스 제퍼슨Thomas Jefferson을 비롯한 미국의 몇몇 건국자들에게 일반적인 관점이었다.

이원론 dualism 일반적으로, 어떤 것의 본성을 두 개의 구분되는 실재, 실체, 원리로 구성된 것으로 정의하려고 시도하는 모든 사상 체계. 이원론자들은 실재의 본성을 묘사하면서, 일반적으로 물리적인 것과 영적인 것(*아우구스티누스Augustine를 보라)의 구별, 혹은 보이는 것과 보이지 않는 것의 구분(*플라톤Plato을 보라)을 상정한다. (르네 데카르트와 같은) 이원론자들은 몸을 묘사하면서 몸과 영혼 혹은 물질과 정신을 구별하기도 하며, 또 다른 이원론자들은 선과 악이라는 대립되는 두 개의 실재가 존재한다고 상정하기도 한다(*영지주의Gnosticism, *마니교Manichaeanism를 보라).

이위일체론 binitarianism 하나님은 단일 *본질essence 내지는 단일 실체를 공유하는 두 위격으로 이해되어야 한다고 주장하는 이론. 대다수의 이위일체론자는 성부 하나님의 인격과 성자 예수의 인격은 단언하지만, 동시에 그들은 성령을 성부와 성자의 특징(혹은 비인격적 능력) 또는 창조 시의 성부와 성자의 행위로 정의한다. **참조**. *삼위일체론.

이율배반 antinomy 자가당착 비록 서로 상반되거나 긴장 상태에 있는 것처럼 보일지라도, 둘 다 진리로 여겨지는 원리나 진술이나 법칙을 함께 묶는 것. 이율배반의 신학적 실례로는, 하나님의 절대 주권과 인간의 자유 의지 둘 모두에 대한 믿음을 들 수 있다. 비록 둘 다

진리처럼 여겨질지라도, 하나님의 의지와 인간의 의지 사이에는 쉽게 혹은 완전하게 이해될 수 없는 긴장이 있다. **참조.** *역설.

이해를 추구하는 신앙 *fides quaerens intellectum* (faith seeking understanding) 피데스 쿠아이렌스 인텔렉툼 *안셀무스Anselm의 『프로슬로기온』*Proslogion*. 아카넷에 기원을 둔 표현으로 인간의 이성과 종교적 신앙과의 관계를 보여 주기 위해 사용되었다. 안셀무스에게 종교와 신학의 문제는 먼저 믿음으로써 이해되는 것이고, 뒤이어 이미 믿어지는 것에 대한 지성적 이해를 얻는 것이었다. 다르게 말하자면, 신앙은 논리적으로나 시간상으로 이성에 선행한다.

인간론 anthropology 인류학 '인간'을 뜻하는 헬라어 '안트로포스' *anthrōpos*와 '말, 론論, 설說'을 가리키는 로고스*lógos*로부터 온 용어로, 인간에 관한 말 내지는 가르침을 뜻한다. 일반적 의미에서 인간론은 인간의 지위, 습성, 관습, 관계, 문화에 관한 모든 학문을 일컫는다. 조금 더 구체적으로 신학적 의미에서의 인간론은 하나님의 피조물인 인간에 관한 영적인 가르침들에 대한 서술이다. 기독교 인간론은, 인간은 *하나님의 형상*imago Dei*으로 창조되었지만, 죄가 다양한 경로로 그 형상에 부정적인 영향을 미쳤다고 본다. 또한 인간론은 인간 존재가 어떻게 구성되었는지, 즉 몸과 정신과 영혼의 관계 등에 대한 질문에 흥미를 갖는다.

인격 person 위격 자유, 의식consciousness, 관계를 행사할 수 있는 생명체를 뜻하기 위해 인간에게 사용하는 용어. 또한 그와 유사하지만 훨씬 탁월한 하나님의 인격과 *삼위일체Trinity의 세 분의 위격을 가리킬 때도 사용된다. 하나님의 삼위의 인격성을 언급할 때, 이 단어는 현대 심리학적 이해와 조금도 유사하지 않으며, 구별된 세 신들이라는 의미도 함축하지 않는다. 오히려 삼위의 위격들은 삼위의 위격성personhood 내에서의 관계를 뜻한다.

인과율 causality 원인과 결과라는 서로 밀접하게 관련된 개념에서 나온 용어. 신학에서, 하나의 방법론으로서의 인과율은 세계가 궁극적으로 하나님에 의해 발생한 것이라는 가정 하에, 현재 보이는 결과의 정체를 식별하고 이해하려고 함으로써, 하나님의 본질과 속성들을 결정하려 한다. 요약하자면, 인과율 방법론은 피조 세계 내에 궁극적 원인인 창조주 하나님을 가리키는 흔적들이 있음을 전제한다.

인문주의, 세속인문주의 humanism, secular humanism 일반적으로 인문주의는 인간 존재의 가치에 초점을 둔 모든 운동과 이념이다. 기독교 인문주의는 인간은 하나님의 형상으로 창조되었고 흔히 말하는 존귀한 혹은 가치 있는 피조물이라는 사실을 강조한다. 이에 비해, 세속인문주의는 하나님에 대한 어떤 호소도 배제한 채 인간의 가치를 보려고 노력한다. 따라서 인문주의자들은 종종 가치는 전적으로 개인 고유의 것이라고 주장한다.

인식론 epistemology 지식 획득의 본성, 원천, 한계, 방법에 대한 철학적 탐구. 서양 철학에서 인식론은 일반적으로 두 개의 서로 다른 방식을 따라왔다. 그것은 바로 합리론rationalism(지식은 정신이 이성과 논리를 사용함으로써 획득된다)과 *경험론empiricism(지식은 내적·외적 감각을 통해 정보를 수집함으로써 획득된다)이다.

일반 계시 general revelation 하나님이 창조 질서를 통해 신적 본성에 대한 무엇을 계시한다고 선언할 때 사용되는 용어. 피조 세계를 통한 이러한 하나님의 자기 계시는 '일반적인 것'이라 불리는데, 그 이유는 하나님의 존재 사실이나 하나님의 능력과 같은 하나님에 관한 '일반적' 혹은 '간접적'인 정보만을 주기 때문이다. 이것은 살아 있는 하나님의 말씀 현현(예수 그리스도 자신), 기록된 하나님의 말씀(성경), 은혜로이 죄를 용서하는 거룩하고 사랑이 많고 정의로운 하나님에 대한 계시 등, 보다 '특별'하고 '직접적인' 특별 계시와는 대조된다. 또한 일반 계시는 모든 사람이 얻을 수 있다는 점에서 '일반적'이며 하나님이 특정한 사람에게 계시하는 하나님의 자기 드러냄과는 다르다. **참조**. 특별 계시.

일원론 monism 존재하는 모든 것을 하나의 통일된 원리로 설명하려고 하는 모든 반-이원론 철학. '얼마나 많은 것이 실재하는가 혹은 존재하는가?'라는 형이상학적 질문에 대한 답으로 일원론자는, '오직 하나의 실재 내지 하나의 사물이 있다' 혹은 '단 한 종류의 사물이면서, 그 하나의 범주 안에 여러 다양한 형태로 있다'(속성

일원론)라고 답한다. 결과적으로 일원론은 하나님과 피조 세계 사이의 구분을 없앤다.

일의적 univocal 단의적 피조 세계 내에서 어떤 것이 서술될 때 그 단어는 하나님에게도 같은 의미로 적용될 수 있다는 개념. 따라서 인간의 부성과 하나님의 부성은 같은 개념이다. 언어의 일의적 용법은 피조 세계로부터 구별되는 하나님의 차별성과 독특성을 무시한다. **참조**. *다의적.

임박 imminence 일반적으로 그리스도의 재림 가능성이 얼마 남지 않았음을 가리키는 용어. 그리스도의 재림 임박은 그의 재림 전에 일어나야 하는 아무런 확정된 사건도 없으므로 그의 재림의 시간 혹은 날짜를 정하려는 모든 예측을 불가능하게 만든다. 오늘날의 어떤 신학자들은 임박을 하나님 역사의 시간표에서 다음에 일어날 주요한 사건이라는 의미에서 그리스도의 재림이 가까이 왔음을 의미하는 것으로 재해석한다.

임직 ordination 서임 '순서를 정하다', 후에는 '직무를 임명하다'라는 의미를 지닌 라틴어 '오르디노'*ordino*에서 유래. '임직'은 거의 대부분 공식적인 사역 자격 수여를 가리키며 종종 안수를 수반한다. 로마 가톨릭과 정교회 전통에서 이러한 임직은 *성례sacrament로(서품식, 즉 성품을 주는 예식. 천용ⓒ) 여겨진다. 대다수의 교회는 목회의 리더십과 봉사를 위해 사람에게 직무를 임명(즉 임직)한다. 또한 어떤 교회들은 주교(로마 가톨릭과 *성공회Anglicans), *집사deacon(일부 침례교) 등 다른 직무를 위해서도 사람을 임명한다. 이따금 이 용어는 하나님의 *선택election 및 *예정predestination과 연관되어 사용된다. (성공회는 '성직 서품.' 여정훈ⓒ)

ㅈ

자연 대표 natural headship 때때로 *아우구스티누스Augustine의 것으로 돌려지는 원죄에 관한 이론으로, 아담이 모든 혈통의 아버지라는 의미로 인류의 '자연 대표'였다고 주장한다. 따라서 이러한 관찰은 어떻게 모든 인간이 아담의 죄에 책임을 지게 되었는지를 설명한다. 즉 아담이 모든 자의 조상이었기에 모든 사람은 그가 죄를 지을 때 아담 안에 존재했다.

자연주의, 자연 신학 naturalism, natural theology '자연주의'는 때때로 '자연적' 우주(에너지와 물질로 구성되어 있으며 자연법칙에 기초한)가 실재의 총체라고 주장하며, 따라서 인간의 자유, 절대적 가치, 궁극적으로는 *실존적existential 의미를 부정하는 *무신론atheism이나 *유물론materialism의 한 형태를 가리킨다. 윤리적 이론으로서의 자연주의는 윤리적 판단이 '자연스럽게 존재하는 방식' 혹은 우주 그 자체로부터 나오는 것 또는 그것에 기초하는 것이라고 주장한다. 자연 신학은, 인간이 인간 이성을 통해 신적 *계시revelation의 근원 중 하나인 창조 질서를 관찰함으로써 하나님에 관한 특정한 지식을 얻을 수 있다고 주장한다.

자유 교회, 자유 교회 운동 free churches, free church movement 의도적으로 국가나 정부의 영향, 후원, 통제로부터 독립한 교회들 혹은 *교파들denominations을 지칭할 때 사용하는 용어들. 자유 교회 운동은 주로 중세 시대의 로마 가톨릭에 대한 반동으로, 나중에는 정부와 밀접한 관계를 유지하는 *칼뱅주의Calvinist 교회 및 루터 교회들에 대한 반동으로 일어났다.

자유 의지 free will 인간의 행위는 그 원인이 자기 자신에게 있다는 믿음. 자유 의지에 대한 개념은 어떤 이가 취하는 행위에 대한 이유를 충분히 설명하기 위해 외적 원인이 필요치 않다고 가정한다. 자유 의지 이론에 따르면, 비록 선택하는 사람이 그 선택한 행위가 원치 않는 결과들을 가져올 수 있다는 것을 안다고 할지라도, 행위들은 궁극적으로 선택된 것이다.

자유 의지 유신론 free will theism 인간이라는 피조물에 의해 거의 영향받지 않는 하나님에 대한 '고전적' 견해와 하나님을 피조 세계에 필수적으로 포함되어 지속해서 변해야 하는 존재로 이해하는 '진보적' 견해 사이에서 중도로 가려는 20세기 말에 일어난 신론에 대한 신학적 발전. 자유 의지 유신론은 하나님이 인간과 '주고-받는' 관계를 갖는 대신에 인간에게 상당한 자유를 줌으로써 자신의 주권에 거침없이 영향을 미치게 했다고 논한다. 아마도 자유 의지 유신론 개념의 이면에 있는 가장 주요한 사상가가 바로 캐나다 신학자 클락 피녹Clark H. Pinnock일 것이다. **참조.** *과정 신학.

자유주의 liberalism 진보주의 기독교가 자율성에 관한 추구를 비롯한 인간의 긍정적인 염원과 조화될 수 있다는 가정으로부터 세워진 *개신교Protestant 집단 내의 운동. 자유주의는 종교를 현대 사상과 문화에 적합하게 하기를 원한다. 결과적으로 자유주의는 하나님의 사랑을, 전적으로는 아니지만 주로, 이웃에 대한 사랑 안에서 실현되는 것으로 보며, *하나님 나라kingdom of God를 특히 윤리적으로 변화된 사회 속에서 발견되는 현재적 실재로 본다. 초기 자유주의 신학자들 중 가장 중요한 인물이 바로 *알브레히트 리츨Albrecht Ritschl이다. **참조.** *후기자유주의.

자존성 aseity '그 스스로로부터'를 뜻하는 라틴어 '아 세'*a se*에서 유래한 용어. 하나님의 속성인 자존성은 하나님의 자존self-existence를 가리킨다. 다르게 말하자면, 하나님은 존재하기 위해 그 어떤 다른 것에도 의존하지 않으며 그 어떤 외적 혹은 선재적 원인 없이 영원부터 존재한다.

작정 decree 단순하게 말하자면, 통치하거나 인도하는 일을 수행하기 위해 인간 통치자에 의해 주어진 명령 혹은 지시. 신학적 관점에서 보자면, 하나님의 작정들은 하나님의 영원하며 모든 것을 아우르는 피조 세계에 대한 계획이다. *종교개혁Reformation 이후, 일부 *칼뱅주의Calvinist 신학자들은 하나님의 영원한 작정의 논리적 순서를 두고 논쟁했다. 대체로 네 개의 작정이 논의되었는데, 창조의 작정, 죄에 빠지는 *타락Fall을 허용하는 작정, *구원salvation받을 자들에 대한 *선택elect의 작정, 선택되지 않은 자들을 *영벌damnation 상태에 두는 작정이다. **참조.** *타락 후 선택설; *타락 전 선택설.

장르 genre 문학 작품이나 미디어의 다양성 혹은 각기 다른 형식들을 가리키는 용어. 성경 본문 해석에 있어서 대다수 해석가는 해석되어야 하는 본문의 장르를 식별하는 것이 중요하다고 보며 기록될 당시에 장르를 특징짓던 공통적인 관습을 감안하여 이해해야 한다고 본다. 따라서 시는 역사적 서술historical narrative과 동일한 방식으로 해석하면 안 되고, 예언은 편지와 같은 방식으로 읽을 수 없다.

재건주의 reconstructionism 그리스도인의 의무는 개인의 도덕적 거룩함을 넘어서서, 법 제정과 같은 수단을 통해서 사회가 성경에 계시된 하나님의 율법에 복종하도록 압력을 가하는 공적·사회적 책임을 포함한다고 주장하는 현대 *후천년설postmillennialism의 또 다른 형태. 재건주의자들은 어떤 하나의 '주권'dominion에 대한 개념에 호소하며(인간은 땅에 대한 주권을 행사하도록 부름 받았다), 자신들의 목표를 하나님의 율법이 통치하는 기독교 공화국 설립으로 설정한다.

재림, 그리스도의 *파루시아를 보라.

재세례파 Anabapist 재침례파, 아나뱁티스트 일반적으로 16세기 개신교 *종교개혁Reformation에 발생했던 몇몇 다양한 운동을 가리키는 용어지만, 주로 *급진 종교개혁Radical Reformation을 가리킨다. 재세례파들은 루터 교회와 개혁 교회에서 시행되던 유아 세례를 거부했다. 또한 재세례파들은 이러한 교회들이 부패했으며, 또한 이러한 교회들은 자신들이 로마 가톨릭 교회의 오류라고 여겼던 것들로부터 그들 스스로를 완전히 구별하지 않았다고 생각했다. 따라서 재세례파들은 자신들의 추종자들에게 자의식을 가진 그리스도의 제자로서 세례를 받으라고 촉구했다. 주요한 재세례파의 인물로는 메노 시몬스Menno Simons와 야코프 후터Jacob Hutter가 있다. **참조**. *메노나이트.

적그리스도 antichrist 안티크라이스트 문자적으로, '그리스도에게 대적하는'이라는 용어로, 그리스도의 말과 행동에 대한 개인적·사회적·이데올로기적 반대를 가리킨다. 어떤 신학자들은 적그리스도가 그리스도께 반대할 미래의 개인이며, 세계 속에서의 적그리스도의 지배는 그리스도의 재림의 임박함에 대한 표식이 될 것이라고 생각한다. 비록 이 용어가 요한서신에서만 등장한다 할지라도, 신구약 저자들 모두 그와 유사한 개념을 사용했다. 예컨대 '벨리알의 아들들'모세오경 및 역사서들, '작은 뿔'다니엘서, '멸망의 가증한 것'마태복음. 마가복음. 다니엘서를 보라과 '불법의 사람'바울.

전가 imputation 한 개인이 다른 누군가에게 유익이나 해를 전달하는 것. 신학에서 전가는 아담이 나머지 인류에게 죄와 죄책을 전달하는 것을 의미한다. 긍정적인 측면에서, 전가는 그리스도를 믿는 자에게 *구원salvation을 위해 그리스도의 의가 전달됨을 가리킨다.

전능(성) omnipotence 피조 세계에 대한 하나님의 계획 안에서, 하나님 자신의 특성 및 존재와 연관되는 것이라면 무엇이라도 할 수 있는 능력을 가리키는 하나님의 속성. 하나님의 전능은 무엇보다도 악을 선으로 뒤집는 하나님을 묘사한다. 이는 특별히 예수의 죽음에서 명확해지는데, 비록 그것이 악한 사람들의 행위였을지라도 결국 인간을 *구원salvation하는 하나님의 수단이 되었다.

전도 *복음전도를 보라.

전유專有 appropriation 귀속 신학에서 기독교 신앙 체계의 한 측면을 기독교 실천으로 통합 혹은 적용하는 것을 가리키는 용어. 그리스도에 대한 신앙과 신뢰를 실제로 활용하지 않고 지성적인 개념만 갖는 것으로는 부족하다. 그렇기에 신자의 신앙함exercising of faith은 곧 신앙의 전유라 불린다. (삼위일체 교리에서는 "삼위일체의 모든 외적 행위 속에서는 세 위격이 다 활동하지만 그러한 행위들을 특별히 어느 한 위격의 사역으로 보는 것이 적합하다고 주장하는 이론"이다. 맥그래스,『신학이란 무엇인가』, 복있는사람, 2014ⓒ)

전제주의 presuppositionalism 코르넬리우스 반 틸Cornelius Van Til과 주로 연관되는 고전적인 *복음주의evangelical 변증학. 전제주의자들은 모든 신념 체계가 어떤 특정한 토대적 전제들(즉 경험을 의미 있게 만들기 위해서 믿어야 하지만, 증명은 불가능한 주장들) 위에 세워져 있다고 주장한다. 결과적으로 기독교 변증학의 최고의 방식은 신 존재, *부활resurrection의 역사성, 성경의 권위와 같은 어떤 구체적인 주장들을 증명하는 것이 아니다. 오히려 전제주의 기독교 변증가들은, 기독교 신앙의 토대가 되는 가르침들에 비추어 볼 때 인간 경험이 가장 분명하게 이해된다는 것(또는 의미를 갖는다는 것)을 보여 줄 목적으로, 경쟁하는 신념 체계의 토대가 되는 전제들을 탐구한다.

전지(성) omniscience 모든 것을 아는 하나님을 설명하는 하나님의 속성. 전지가 의미하는 바는 모든 사건은 하나님의 지성 앞에 드러난다는 것이다. 즉 하나님은 피조 세계에서 일어나는 모든 것에 대한 직접적인 지식을 갖고 있다.

전천년설 premillennialism *천년설millennialism은 그리스도의 재림 뒤에 천년왕국이 온다는 견해로, 이에 따르면 그의 재림의 시점은 '천년왕국 이전'이다. 일부 전천년설자들은, 천년왕국은 초자연적으로, 그리고 대재앙과 함께 시작될 것이며, 배교, 복음의 세계적 선포, 전쟁, 기근, 지진, *적그리스도antichrist의 도래, *환난tribulation이 선행할 것이라 가르친다. 그때 예수는 다시 와서 그의 성도들과 함께 이 땅을 천 년간 다스릴 것인데, 그 기간은 평화의 통치 기간일 것이며, 자연 세계는 다시는 저주받지 않고 악도 지배하지 못할 것이다. 최후의 반역이 끝난 후 하나님은 악을 영원히 무너트릴 것이며, 믿지 않은 채 죽은 다음 부활한 자들을 심판할 것이며 천국과 지옥을 세울 것이다.

전통, 전통주의 tradition, traditionalism 전승, 전승주의 초기 기독교 교부들 사이에서, 전승('넘겨받은' 것을 의미)이란, 선지자들과 사도들에 의해 알려진 하나님의 계시를 의미했다. 결국 이 용어는 성경, *신경들creeds을 의미하게 되었고, 시간이 지나 신앙에 대하여 축적된 해설들 및 역사를 통해 전달된 교회의 지혜를 포함하게 되었다. 18세기 합리주의에 대한 반동으로 일부 19세기 로마 가톨릭 사상가들은 하나님의 지식은 *자연 신학natural theology이나 인간 이성과 같은 수단이 아니라, 끊어지지 않고 무오한 전통 안에서 믿음을 통해서만 획득될 수 있다는 개념을 세웠다(전통주의).

점진적 계시 progressive revelation 구약 시대부터 신약 시대에 이르기까지 하나님의 자기 드러냄self-disclosure이 과정이라는 형태를 취했다는 믿음. 따라서 예수 그리스도에 기초하여 하나님에 대하여 알려진 것이 율법과 선지자를 통해 주어진 것보다 더 완전하다. 점진적 계시는 구약을 신약에서 발견되는 더 완전한 가르침을 고려하여 이해해야 한다고 본다.

접촉점 point of contact 복음이 죄인인 개인에게 도달할 수 있는 자연적인 연결점natural link이 있는지 없는지를 두고 벌어진 *바르트Barth와 *브룬너Brunner 사이의 논쟁을 통해 만들어진 유명한 용어. 바르트는, 신앙은 말씀에 대한 설교를 통해서 만들어지므로 자연적인 접촉점은 없다고 주장했던 반면, 브룬너는 인간의 죄책감과 같은 자연적인 연결점이 발견될 수 있다는 입장을 고수했다.

정경 canon 문자적으로는, '표준' 혹은 '규칙'을 의미하는 이 용어는 교회가 하나님의 기록된 말씀(즉 성경)으로 인식하며 또한 교회 내에서 신앙과 실천의 표준 혹은 규칙으로 기능할 수 있는 책들의 모음집과 가장 밀접한 관련이 있다. 비록 성경 모음집이 어떤 책들로 구성되어야 하느냐에 대해서는 다양한 기독교 전통들이 완전한 합의를 보지 못하고 있을지라도, 적어도 개신교가 정경으로 보는 66권의 성경들은 정경으로서의 가치가 있으며 따라서 권위가 있다는 점에는 모두가 동의한다.

정경 비평 canonical criticism 성경의 각 권을 정경화 이전의 형태와 기능으로 이해하기보다, 신학적으로 통일된 책 모음집collection이라는 최종 형태의 관점에서 성경을 해석하기 위해 사용되는 접근 방식. 현대의 해석학적 접근 방식으로서의 정경 비평의 가장 중요한 두 명의 선구자가 바로 브레바드 S. 차일즈Brevard S. Childs와 제임스 샌더스James Sanders다. **참조.** *성경 비평; *비평.

정의 justice 일반적인 의미에서, 한 개인 혹은 집단에 마땅히 주어져야 하는 상이나 벌을 주는 행위. 신학적 관점에 따르면, 하나님은 무죄하고 거룩하기에 하나님의 정의는 모든 사람과 민족에게 그들의 죄로 인한 처벌을 요구한다. 하나님의 정의의 요건이 그리스도 안에서 충족되었고, 그 결과 각 개인은 성령이 그들을 이끌어 자신들의 죄를 뉘우치게 할 때 예수 그리스도를 통한 하나님의 자비를 발견할 수 있다. 하나님 자신이 인간을 다루는 방식에 비추어 볼 때, 하나님은 또한 인간에게 다른 이들을 정당하게 대할 것마 23:23,

그리고 인종적 기원, 성, 사회정치적 지위에 상관없이사 58:6 압제받는 자들을 해방할 것을 요구한다.

정통 orthodoxy 문자적으로 '바른 찬양' 혹은 '바른 신앙'(*이단heresy과 대조적으로). 정통의 특징은 믿음과 예배에 있어서 성경, 초기 기독교 저술 및 공식 가르침, *신경들creeds, 교회의 *예전liturgy이 증거하는 기독교 신앙과의 일치[로마 가톨릭 전통 안에서는 (로마 가톨릭) 교회와의 일치]다. 정통은 때때로 좁은 의미로 *동방정교회Eastern Orthodox 전통을 언급하기 위해 사용되곤 한다.

제한 속죄 limited atonement 때때로 '특별 구속'particular redemption이라 불리며, 십자가의 사역이 모든 인류를 위한 것(무제한 속죄)이라는 개념과는 대조적으로, 예수의 죽음은 오로지 제한된 사람(즉 택함 받은 자)에게만 *구원salvation을 가져다준다는 견해. 이 견해는 종교개혁 이후 칼뱅주의 집단에서 *선택election에 대한 교리의 발전 결과다. 제한 속죄 옹호자들은, 하나님은 그리스도가 모두를 위해 죽게 할 의도를 갖지 않으셨기에 모두가 구원받는 것이 아니라고 주장한다. **참조.** *속죄 이론들.

조명 illumination 성경을 해석하고, 이해하고, 성경에 순종하도록 신자들을 돕기 위해 그리스도인 및 기독교 공동체에서 이루어지는 성령의 지속적인 사역. 조명은 신앙의 문제이자 지적 동의로, 조명을 통한 성령의 목적은 성경의 명제들에 대한 단순한 지적 동의를 넘어서 그리스도를 신뢰하고 그에게 순종하도록 인간 의지를 움직이는 데 있다.

조직 신학 systematic theology 특정한 문화적·지적 배경 안에서 수행된 조직적인 사상 체계를 통해(*신학 방법method of theology을 보라), 특정 종교 그룹(기독교 등)의 종교적 진리나 믿음 체계를 요약 진술하려는 시도. 기독교 신학에서 흔한 조직 신학의 전개 순서는 하나님과 하나님의 자기 계시로 시작해서 뒤이어, 창조, 죄의 문제, 예수 그리스도 안에서 그리고 예수 그리스도를 통한 하나님의 구원 사역, 개인의 *구원salvation의 작용인으로서의 성령, 마지막으로 시대의 끝을 향한 하나님의 계획인 그리스도의 재림과 영원으로 구성된다.

존재론 ontology 존재의 본성과 연관된 *형이상학metaphysics의 한 분과. 어떤 것을 존재론적으로 말한다는 것은 곧, 그것의 인식론적 측면과 달리, 그것의 본질적 특성을 말하는 것이다. 따라서 존재론은, 인간이 어떻게 무엇을 아는지 말하는 *인식론epistemology과 달리 존재나 *본질essence에 초점을 맞춘다.

존재론적 논증 ontological argument 하나님에 대한 개념 그 자체로부터 하나님의 실재를 논증하는 신 존재 증명 방식 중 하나. 이 논증은 처음에는 *안셀무스Anselm 그리고 후대 데카르트의 것으로 여겨지며, 하나님은 그 정의상 '가장 완벽한 존재'이기 때문에, 하나님은 존재해야만 한다고 선언했다. 그렇지 않으면 하나님은 완벽을 결핍한, 즉 존재를 결핍한 분일 것이다. **참조**. *다섯 가지 길.

존재 양식 modes of being 존재 양태 20세기의 뛰어난 신학자 *칼 바르트Karl Barth가 *삼위일체Trinity의 각 위격들을 표현하기 위해 사용하는 언어. 근대화된 심리학적 위격 이해(현대의 인격person 이해가 위격person이란 언어 사용에 영향을 미침ⓔ)의 한계에 대한 반응이 그의 동기였다. 바르트는 의식과 의지의 중심이 서로 별개의 세 인격으로 각기 다른 위치에 서 있는 삼위일체의 삼신론적 개념에 도전했다. 그는 한 분 하나님이 성부, 성자, 성령이라는 세 가지 자기-구별된 '반복'three self-differentiated repetitions 또는 존재 방식으로 동시에 존재함을 강조했다.

존재의 유비, 아날로기아 엔티스 analogy of being, *analogia entis* 우주에 대한 관찰을 통해 하나님의 본성에 대한 제한적인 이해를 얻을 수 있을 만큼, 하나님과 피조물 사이에 충분한 유사성이 있다는 주장. 존재의 유비는 일반적으로 우주 그 자체보다 *하나님의 형상*imago Dei*으로 창조된 인간에게 더욱 중요하다. 오늘날의 신학자들은 범죄한 인간들이 어느 정도까지 피조물을 '하나님을 가리키는 것'으로 파악할 수 있는지, 그 범위에 대해 논쟁한다. 어떤 신학자들(예. *칼 바르트Karl Barth)은 신학적 원리로서 존재의 유비의 사용을 전적으로 거부한다.

종교개혁 Reformation 14세기 초에 뿌리를 두며 17세기 말까지 이어진 서구 기독교 내에서 일어났던 거대한 교회적·신학적 변화의 기간을 일컫는 용어. 종교개혁은 더 구체적으로는 16세기의 거장들, *마르틴 루터Martin Luther, *울리히 츠빙글리Ulrich Zwingli, *장 칼뱅 John Calvin 등에게서 시작된 그들과 중세 로마 가톨릭 교회와의 충돌을 가리킨다. 이들은 자신들이 로마 가톨릭 교회의 총체적 타락으로 여겼던 것에 저항했으며, 또한 자신들이 사도들과 초대교회의 신앙으로 여긴 것들에서 벗어났다고 저항했다.

종교사학파(렐리기온스게쉬히틀리헤 슐레) Religionsgeschichtliche Schule '종교의 역사'를 가리키는 독일어에서 파생된 학파로, 1880-1920년 사이 존재했던 영향력 있는 독일 성서학자들의 한 집단이다. 그들은 기독교를 해석하기 위해 타 종교 간의 비교 연구 자료들의 광범위한 사용을 강조했다. 이 운동의 참여자들(헤르만 궁켈 등)은 유대교, 기독교 및 기타 고대 종교들의 역사적, '신화적' 발전을 긍정적으로 여기며, 교리적 주장들을 최소화했다.

종말, 종말론[일관된(철저한) 종말론, 실현된 종말론, 시작된 종말론] eschaton, eschatology [consistent (thoroughgoing), realized, inaugurated] '마지막'을 뜻하는 헬라어 '에스카톤'*éschaton*에서 온 용어로 그리스도가 모든 민족 위에 공의와 정의의 영원한 나라를 세우시기 위해 이 땅에 다시 돌아오실 역사의 궁극적 절정 혹은 종말을 가리킨다. 따라서 종말론은 미래로 향하는 역사의 궁극적 방향과 목적을 이해하는 신학 연구로, 개인적 관점('개인이 죽을 때 무슨 일이 일어나는가?') 및 집단적 관점('역사는 어디로 흐르며 어떻게 종국을 맞이할 것인가?')에서 그 연구를 수행한다. 20세기에는 최소한 세 가지 형태로 종말론이 발전했다. 일관된(혹은 철저한) 종말론은, 예수와 사도들의 가르침은 역사의 임박한 끝에 대한 철저한 선포와 연관된다는 견해다. 실현된 종말론은, 예수 그리스도의 초림 그 자체를 하나님 나라의 완전한 현존으로 본다. 시작된 종말론은, 그리스도의 초림을 현재 하나님 나라가 시작된 것으로 보면서도 동시에 그 나라의 완성 혹은 성취는 아직 오는 중인 것으로 인식한다.

종파, 종파주의 sect, sectarianism 본래 '학파', '당파'를 가리키는 라틴어로, '종파'라는 용어는 큰 집단의 하위 모임을 가리키며, 일반적으로 종교 단체의 종파는 그 자체의 리더십과 가르침과 실천들을 통해 식별할 수 있다. 종파들은 일반적으로 보다 더 큰 집단에서 갈라져 나온 모임들이거나 보다 더 큰 집단 내에서 독특한 정체성을 유지한다. 혹은 종파는 단순한 미조직 종교 운동일 수도 있다. 종파주의는 특정 한 종파에 엄격한 헌신을 말한다. 또 다른 의미로 종파주의는 자신들의 모임만이 거짓 교회로 보이는 다른 집단들과 구별되는 참된 교회라고 여기는 믿음을 가리키기도 한다.

죄 sin 기본적으로는 불신앙, 하나님에 대한 불신과 거부, 존재의 중심에 하나님 대신 인간을 두는 것. 성경은, 하나님으로부터 분리되어 소외된 타락한 인간의 상태와, 구체적인 생각과 행위에 있어서 증거된 하나님의 뜻에 대한 인간의 의도적인 불순종 둘 모두 죄임을 보여 준다. 인간의 타고난 조건의 일부인 죄는 보편적이며 또한 집단적이면서도 개인적이다.

죄론 hamartology 죄에 대한 신학적 연구를 가리킬 때 사용되는 용어('죄'에 상응하는 헬라어 '하마르티아'*hamartia*에서 유래). 죄론은 죄의 기원, 본질, 그 확장과 결과를 이해하는 데 관심을 둔다. 더 나아가, 죄론은 죄가 어떻게 인류에게 전달되었으며, 또한 죄가 피조 세계를 향한 하나님의 계획에 어떻게 반대하는지를 파악하려고 한다.

주관주의 subjectivism 지식은 개인의(아마 심지어 사적인) 경험에 제한된다는 이론 혹은 가르침. 최고의 선과 올바름은 개인의 느낌이나 사견으로만 확정할 수 있는 것이다.

주교제, 주교제의 episcopacy, episcopal 장로presbyters, *집사deacons 혹은 사제priests는 특정 지역 회중들을 대상으로 사역하게 하고, 감독bishop에게는 교회의 총괄 관리를 맡기는 하나의 교회 정치 형태. 주교제는 위계적이며 주교단college of bishop 혹은 대주교가 최고의 권위를 행사할 수 있다. 로마 가톨릭, *동방정교회Eastern Orthodoxy, *성공회 교회들Anglican churches은 주요한 주교제 형태를 대표한다. 로마 가톨릭 교회의 대주교는 로마 교황이고, 동방정교회의 대주교는 콘스탄티노플의 총대주교patriarchate이며, 성공회의 대주교는 캔터베리 대주교를 선두로 하는 주교단이다.

주권 sovereignty 왕으로서의 하나님의 최고의 통치와 전 우주 위에 행하는 합법적인 하나님의 권위에 대한 성경적 개념. 하나님의 주권은 신적 계획 안에서 구속사의 실현을 위해 표현되고 행사되고 드러난다. 이러한 하나님의 주권은 특별히 아우구스티누스-칼뱅 전통에서 강조되지만, 역설적으로 거기에서 그것은 인간의 책임과 대조된다.

주의 날 Day of the Lord 여호와의 날, 야훼의 날 하나님이 이스라엘 혹은 세상에 대한 *심판judgment을 위해 방문할 미래의 사건 혹은 시대 (그렇기에 필연적으로 24시간이나 하루가 아님)를 가리키는 구약 선지자들 사이에서 퍼져 있던 성경의 표현. 신약 저자들은 그 표현을 미래적 의미로 해석하되, 예수 그리스도 안에서 주의 날이 성취되기 시작한 것을 보았다. 그리스도를 믿는 자들에게 있어서 주의 날은 소망의 기대지만, 믿지 않는 자들에게 *영벌damnation로 이끄는 심판일 뿐이다.

주의 만찬 Lord's Supper 교회의 *성례sacrament 혹은 *규례ordinance에 대한 표현으로 교제나 *성찬Eucharist으로도 알려져 있다. 신자들의 교회들 안에서 광범위하게 사용되는 이 표현은 예수가 십자가에 달리기 전날 밤, 제자들과 함께 나눈 당대의 마지막 식사 행위와 연결된다.

주의 말씀 dominical saying 문자 그대로 주의 말씀(도미누스*dominus*는 라틴어로 '주'다)이며 복음서 연구에 있어서 사용되는, '예수 어록'과 동의어다.

주의주의主意主義 Voluntarism 의지주의, 의사주의意思主義, 자발주의, 볼런터리즘 합리주의에 반대하고, 또한 진리와 도덕적 선을 성취함에 있어 (이성과 대조되는) 인간 의지의 지위와 역할을 승격시키는 철학적·신학적 견해. 주의주의는 또한 자발적으로 함께 모여 하나님의 백성으로 서로 동행하기로 한 신자들로 구성된 교회라는 개념을 가리키기 위해서도 사용된다.

주해註解, **자의적 해석** exegesis, eisegesis 석의, 자기주석 문자적으로는 각각, '의미를 끌어오는 것'과 '의미를 부여하는 것'을 의미한다. 주해는 텍스트 자체가 의미하거나 전달하는 것을 이해하려고 추구하는 과정이다. 자의적 해석은 일반적으로 경멸적인 용어로 사용되며, 텍스트에 사전에 형성된 혹은 외적인 의미를, 심지어 그것이 쓰인 당대에는 의도될 수 없었던 의미를 강압적으로 집어넣으려는 행위를 묘사할 때 사용된다.

죽음 death 신학적으로 볼 때, 죽음은 인류에게 죄가 들어오고 나서 생긴 파괴적인 결과를 가리킨다. 이 결과는 하나님으로부터의 영적인 소외 혹은 단절이다. 또한 죄의 결과로 인간들은, 죄의 영향이 지속되고 있음을 가시적으로 또한 보편적으로 상기시키는 물리적 죽음을 경험한다. 그리고 성경은 '두 번째 죽음'계 2:11; 20:6, 14; 21:8을 언급한다. 그것은 악인이 최종적으로 하나님의 영광스러운 임재로부터 영원히 단절되는 것을 가리킨다.

중간 상태 intermediate state 이미 죽었지만 미래에 일어날 *부활resurrection을 기다리고 있는 사람들의 상황. 기독교 신학의 역사 속에서 제안된 중간 상태에 대한 주요 이론들은 '영혼 수면'(신자이든 아니든 죽은 자들은 완전한 무의식의 상태에 있다), '평온한 지복 혹은 인지적 고통'(죽은 신자들은 의식적으로 사랑이 많으신 그리스도의 임재를 경험하지만 죽은 불신자들은 의식적으로 고통을 겪는다), *연옥purgatory(죽은 자들은 지상에서 지은 죄를 제거하기 위해 정도에 따라 다른 고통을 겪는다는 로마 가톨릭 신앙) 등을 포함한다. 일부 신학자들은 중간 상태의 존재 그 자체를 부정하며 대신에 죽은 자들이 곧바로 영원으로 직접 인도된다고 제안한다.

중간 지식 middle knowledge 하나님은 실제로 발생하는 사건과 진리뿐만 아니라 모든 가능한 사건과 이론적 진리도 안다고 주장하는 철학 이론. 중간 지식은, 하나님은 인간이 실제로 무엇을 할 것인지 알며, 뿐만 아니라 어떤 상황을 가정했을 때 그 상황에서 무엇을 할 것인지도 안다고 주장한다. 예를 들어, 복음 메시지를 듣지 못하고 죽은 사람의 경우, 하나님은 그들이 그것을 들었다면 어떻게 반응했을지도 안다. 일부 신학자들은 이러한 중간 지식에 기초하여, 비록 이 생애에서 복음의 경계 밖에 있었지만 만약 복음을 들었더라면 그리스도를 받아들였을 사람들을 하나님이 구원할 것이라고 결론 내린다.

중도의 길(비아 메디아) *via media* 중용, 중간의 길 *성공회Anglican Church가 로마 가톨릭 교회와 개신교의 현대화하는 요소들(*자유주의liberal와 *복음주의evangelical 모두) 사이의 '중도의 길'을 제시하면서 등장한 개념(19세기 영국의 존 헨리 뉴먼에 의해 대중화되었다).

중생 regeneration 새로 남(로마 가톨릭) 성령의 내주를 통해 타락한 인간의 새로운 탄생 혹은 재창조를 강조하는 *구원salvation에 대한 성경적 주제. 구원을 중생으로 묘사하는 가장 중요한 성경 본문이 예수와 니고데모와의 대화다. 거기서 예수는 '거듭남'의 필요성을 강조했다요 3:1-21.

중세, 중세 신학 medieval, medieval theology 일반적으로 중세 시대로 묘사되는 시기와 관련되며, 어떤 이들은 그 기간을 7세기부터 16세기까지로 잡는다. 중세 신학은 *교부patristic 시기의 주도적인 사상가들로부터 발전된 기독교 진리를 체계화하고 조직화하는 것에 주로 관심을 두었다. 이것은 마침내 기독교 가르침 전체를 포괄하는 위대한 신학 논문들의 저술로 나아갔다. 중세 신학의 번영기가 소위 중세 전성기12-13세기에, 특별히 *토마스 아퀴나스Thomas Aquinas의 *『신학 대전』*Summa Theologica*, 바오로딸, 1985-과 같은 작품과 함께 등장했다.

증거론 evidentialism 험증학驗證學 기독교 신앙을 수호하기 위한 하나의 방법으로(*변증학apologetics), 험증학은 역사와 경험(사실들)으로부터 수집한 자료들이 기독교적 주장의 합리성을 입증할 수 있다고 추정하며, 따라서 믿는 데 장애가 되는 것들을 치워 버림으로써 그리스도에 대한 개인의 신앙을 유지하는 데 도움을 줄 수 있다고 추정한다. 따라서 증거론은, 그리스도의 부활이나 성경 속 서술들의 역사적 정확성과 같은 기독교 신앙의 핵심적 사실들을 입증하기 위해 가능한 많은 '증거'를 제시하려고 시도한다.

지고선至高善 *summum bonum* 최고선supreme good을 가리키는 라틴어 표현으로, 다른 모든 선이 이로부터 파생된다. 중세 신학에서 인간의 지고선은 하나님의 영원한 *본질essence을 관조하는 것, 즉 '지복직관'至福直觀, beatific vision으로 묘사되었다.

지성적 noetic 지적인, 순수 이성에 의한 지성 혹은 앎의 과정에 관한, 그것에 기초하는, 그것과 관련되는 것을 가리키는 용어.

지식 *notitia* 노티티아는 어떤 것 혹은 누군가에 대한 지식 혹은 숙지를 가리키는 라틴어. 신학에서 노티티아는 신앙의 한 측면을 언급할 때 사용된다(나머지 다른 항목은 *동의*assensus*, *신뢰*fiducia*). 그리스도를 믿는 사람은 반드시 복음 메시지를 숙지해야 한다.

지식사회학 sociology of knowledge 인간 지식은 사회적 힘들에 의해 형성된다고 주장하는 *인식론적epistemological 이론. 지식은 중립적 관찰자가 외적 세계에 대한 객관적 진리를 발견함으로써 일어난다고 주장하는 *계몽주의Enlightenment의 가정과는 대조적으로, 이 이론에서 지식은 공정한 혹은 가치 중립적인 것이 아니라 사회적 환경들과 문화적 배경의 조건들을 구현하는 경향이 있다고 진술한다. 더욱이 지식은 지식인의 기득권을 반영하는 경향이 있다.

직관주의 intuitionism 지식이 오로지 직관만으로 얻는 것은 아니더라도, 지식은 부분적으로 어떤 외부 감각으로부터 오지 않은 직접적인 정신적 자각에 의해 획득된다는 철학 이론. 그러므로 직관주의는, 지식이 시각, 후각, 촉각, 청각, 미각에 의한 관찰 결과(*경험주의empiricism)도 아니며 지성의 논리적 과정의 사용 결과(합리주의)도 아니라고 주장한다. 오히려 지식은 인간의 이성 능력이나 관찰력을 배제한 채 지성에 직접 다가온다.

진리 truth 사실에 기반을 둔 실재 그리고/또는 영적 실재를 반영하는 것. 어떤 사상가들은 진리를 순수 지적인 범주로, 즉 본질에 대한 확언affirmation of what is으로 여긴다. 따라서 진리는 정확한 논증들 혹은 사실적 진술들(사실성)이 된다. 최근 들어, 어떤 사상가들은, 진리를 주관적이고 상대적이고 다원적이라 제시한다. 신학적 관점에서 볼 때, 진리는 삼위일체 하나님의 존재와 뜻 안에 근거한다. 따라서 하나님의 존재와 뜻을 반영하는 것이라면 무엇이든지 진리다. 더 나아가 예수 그리스도는 그가 하나님의 *계시revelation라는 점에서 진리다.

진리 대응론 correspondence theory of truth 어떤 명제가 '실제 있는 그대로의' 어떤 외부의 실재와 일치할 때 혹은 조화를 이룰 때, 그 명제가 참이라고 주장하는 지식 이론. 진리 대응론의 약점 중 하나는 관찰된 실재에 대한 둘 이상의 서로 다른 개념들을 중재하기 어렵다는 것이다. 게다가 진리 대응론은 인간 지식을 측정 가능하고 관찰 가능한 특성(이는 세계 속에 원래 내재한 특성으로 추정되고 있다)이라는 형태로 만들어 버린다.

진리 정합론 coherence theory of truth 주어진 명제나 진술이 참이라는 주장은 보다 광범위한 명제들의 집합 안에서 정합성이 있을 때 참으로 취해질 수 있다는 지식론. 만약 명제들이 충돌한다면(모순된다면), 명제 중의 하나 혹은 둘 다 거짓으로 추측된다.

집사, 여집사 deacon, deaconess 부제, 여성 부제 헬라어 디아코네오 *diakoneō*(봉사하다)에서 온 용어로 '집사'(남성과 여성 둘 다를 지칭)와 '여집사'(여성만 지칭)는 하나님의 백성의 봉사자들로 초대교회에서 임명되었다. 사도행전 6장에서 볼 수 있듯이, 그들을 임명한 원래 목적은 물질적인 어려움에 처한 그리스도인들을 돌봄으로써, 사도들이 말씀으로 사역하고 또한 그들이 기도하는 데 전념할 수 있게 했다. 사도 바울은 집사가 직무를 수행하고 때로는 봉사의 궂은 일을 할 때조차도 높은 도덕적 수준을 보여야 한다고 지적했다.

大

창조 creation 기독교 신학은 창조(하나님 외에 존재하는 모든 것을 포함하는)를 하나님의 말씀 선포의 결과로 본다. 창조에 대한 기독교 교리는, 하나님은 우주와 동등할 수 없으며(*범신론pantheism), 하나님은 불가분의 관계로 우주와 묶여 있을 수도 없다(*범재신론

panentheism). 대신에, 하나님은 우주와는 완벽하게 구별되면서(*초월transcendence), 동시에 친밀하게 우주와 관계하신다(*내재immanence). 창조에 대한 성경적 견해는 물리적 영역(사물, 동물, 인간의 영역)과 영적 영역(천사와 악마), 둘 다를 포함한다.

창조론 creationism 기독교 인간론에서 창조론은 하나님이 각 인간의 영혼을 직접적으로 창조했다는 이론을 가리킨다. 이는 영혼이 하나님과 함께 영원부터 존재했다는 입장과 대조되며 또한 육체와 영혼은 모두 부모로부터 유전된 것이라 주장하는 *유전설traducianism과도 대조된다. 또한 창조론(혹은 창조과학)은 창세기 첫 장들에 기록된 것과 같이 문자 그대로 칠 일(한 주) 동안 창조가 이루어졌다고 보는 우주 창조에 대한 이론을 가리킬 수도 있다. 대다수의 현대 창조과학 옹호론자는 또한 지구가 상대적으로 젊다고 주장한다(일반적으로 5만 년보다 젊다고 주장하며 때로는 1만 년보다 젊다는 주장도 있다).

천년왕국, 천년설 millennium, millennialism '천 년'을 가리키는 라틴어로부터 온 것으로, 천년왕국은 요한계시록 20:1-8에 언급된 그리스도의 천 년간의 통치를 가리킨다. 이 본문이 가르치는 것이 무엇인지에 대해 다음과 같은 세 가지 이해 방식이 있다. *전천년설premillennialism, *후천년설postmillennialism, *무천년설amillennialism. 천년을 역사 속의 구체적인 기간으로 보지 않는 무천년설자들과 달리, 전천년설자들과 후천년설자들 둘 다, 천 년이 미래의 언젠가 발생할 것으로 고대한다. 또한 천년설은 '천'을 가리키는 헬라어 '킬리아스'chiliás로부터 발생한 '천년주의'chiliasm라는 용어로도 통용된다. 현대 신학에서 천년주의는 대개 좁은 의미로 천년왕국 이전에 그리스도의 재림이 있다는 신앙을 가리킨다.

천년주의 chiliasm ***천년왕국, 천년설**을 보라.

청교도 운동 Puritanism 청교도주의 영국 종교개혁 이후, 잉글랜드 국교회를 '청결하게 만들기'를 추구했던 개혁 운동. 결과적으로 청교도 운동은, 성경에 따라 교회와 국가의 개혁을 통한 개인과 사회의 둘 다의 청결에 초점을 맞추었다. 청교도들은 *언약 신학covenant theology과 성경은 개인의 행위와 교회 조직에 있어서 권위를 지닌 다는 신념을 고수했다.

초월 transcendence 피조물과는 전적으로 완전히 구별됨을 가리키는 (비록 언제나 세상에 적극적으로 참여하고, 세상과 함께한다 할지라도) 하나님의 속성. 하나님은 초월적이라는 진술이 의미하는 바는, 하나님은 세계 '위에'above 있으며 피조 세계 '너머로부터'beyond 다가온다는 것을 의미한다. 중세 시대는 하나님의 초월을 특별히 강조했고, 높은, 그리고 시각을 위로 향하게 만드는 아치형 천장을 가진 거대한 고딕 성당 건축물을 통해서 명백하게 이를 확인할 수 있다.

초월(론)적 철학, 신학 transcendental philosophy, theology 선험적 철학, 신학 초월적인 것을 근본적인 실재로 강조하며, 인간 지식과 경험에 필요한 선조건을 식별하려 하며, 궁극적 실재는 궁극적으로 이해 불가함을 받아들이는 철학. 초월 신학은, 인간은 무한하고 신비한 존재의 지평(하나님)을 향해 있어서, 신적 계시에 열려 있으며 또한 신적 계시를 수용하는 존재라는 점에서 초월적(영적이면서도 물질적인)이라고 생각한다.

출래 procession 발출(로마 가톨릭) 성자와 성령이 아버지에게서 나오는 방식을 묘사하는 기독교 삼위일체 사상에서 사용되는 용어. 성부로부터 성자의 출래procession from the Father는 소위 '출생'generation 혹은 아들됨filiation인 반면, 성부로부터(서방 신학에서는 그리고 성자로부터) 성령의 출래는 *'발출'spiration이라고 불린다. (로마 가톨릭에서는 "성부에게서 성자가 나는 것, 그리고 성부와 성자에게서 성령이 나는 것"을 모두 용어 구분없이 발출發出이라고 표현한다. 단 구분이 필요할 때에만 성령은 "기출"을 사용한다. 천용ⓒ)

츠빙글리, 울리히 Zwingli, Ulrich (1484-1531) 스위스 종교개혁의 지도자인 츠빙글리는 루터와 칼뱅과 더불어 가장 큰 영향력을 행사한 개신교 종교개혁자 중 한 명으로 여겨진다. 성경 본문을 엄격하게 고수한 츠빙글리는 *성찬Eucharist에 있어서 그리스도의 임재와 관련한 루터의 *공재설consubstantiation의 입장을 거부했으며, 대신에

*기념설memorialism의 관점을 주장했다. 츠빙글리는 발전하는 *재세례파Anabaptist 운동에 영감을 받았으나 나중에는 결별했다.

침례 *세례를 보라.

침묵(의) 신학 apophatic theology 아포파시스 신학, 부정신학 (로마 가톨릭) 일반적으로, 창조되지 않은 존재인 하나님은 인간의 언어와 사상이라는 일반적 범주에 맞추어질 수 없기에 하나님에 대한 긍정적 진술은 불가능하다고 전제하는 모든 신학을 가리킨다. 결과적으로 침묵 신학은 '부정 신학'negative theology이라 불리는데, 그 이유는 인간의 언어로 할 수 있는 모든 것은 '하나님은 무엇이 아니다'라는 주장일 뿐이기 때문이다. 예를 들면 하나님은 유한하지 않고, 변하지 않으며, 멸절되지 아니한다. 따라서, 부정 신학은, 하나님은 이성적 표현보다는 영적 경험을 통해서만 긍정적으로 알려질 수 있음을 암시한다. 침묵 신학은 동방정교회 전통에서 중요한 핵심이다. **참조.** *동방정교회; *탁월의 길, 부정의 길, 원인의 길.

칭의, 이신칭의 justification, justification by faith 의화 무죄 선고 개념과 연관된 법정(법률) 용어. 칭의는, 하나님이 죄로 가득 차 있고 따라서 정죄받아 마땅한 인간을 거룩하고 의로운 하나님 앞에 설 수 있게 만드는 하나님의 행위를 가리킨다. 보다 정확히 묘사하자면 '은혜로 말미암는 이신칭의'는, *종교개혁Reformation의 핵심 교리로, 죄인이 의롭게 되어(죄의 처벌과 정죄로부터 용서받아), 오직 하나님의 은혜 안에서 믿음으로 하나님과의 관계를 갖게 된다는 주장이다.

ㅋ

카리스마, 카리스마 운동 charismatic, charismatic movement 은사, 은사 운동 이 용어는 문자적으로 여러 바울 서신 본문에서 서술되는 성령의 '카리스마' 혹은 '은사'와 관련된다. 일반적 의미에서 그리스도의 몸, 교회의 일원이라면 누구라도, 성령의 은사를 가진 사람은 누구라도 카리스마적이 되어야 한다고 할 수 있다. 그러나 20세기 중반

'표적' 은사들(방언, 치유, 기적 등)의 행사를 강조하는 운동이 일어났는데, 그것은 *회심conversion에 뒤따른 경험으로서 "성령 세례"를 힘주어 말했다. 카리스마 운동이 주류 오순절 교단 배경에서 시작되었으나, 빠르게 로마 가톨릭을 포함한 거의 모든 기독교 교파에 영향을 미치는 초교파적 현상이 되었으나 *동방정교회Eastern Orthodoxy에는 비교적 그 영향이 덜했다.

카이로스 kairós 시간, 때 '시간'을 가리키는 여러 헬라어 단어 중 하나. 카이로스는 일반적으로 인간 생애에 중요한 의미를 가져다주는 특별한 시점을 가리킨다. 이와 대조적으로 '크로노스'krónos는 시간의 연대기적 흐름을 나타낸다. 따라서 '카이로스의 순간'kairós moment은 하나님이 인간을 다루는 어떤 사건 혹은 인간 *구원salvation의 영원한 목적의 어떤 차원을 밝히는 역사적 사건을 의미한다. 근본적인 카이로스의 순간은 그리스도 사건, 즉 그의 생애, 죽음, *부활resurrection, 미래의 재림(*파루시아parusia)이다.

칸트, 임마누엘 Kant, Immanuel (1724-1804) 서구 전통에서 가장 위대한 철학자 중 한 명. 칸트의 사상은 *계몽주의(이는 인간의 삶과 지식의 추구에 있어서 이성의 최우선성을 강조했다)의 사고방식에서 나왔고, 19세기와 20세기의 철학과 신학에 엄청난 영향을 미쳤다. 칸트는 인간의 앎이 능동적인 지성에 의존한다고 주장했으며, 또한 신학이 도덕적으로 조건 지어진 우리의 감각을 기초로 하여 수행되어야 한다고 주장했다.

칼뱅주의, 장 칼뱅 Calvinism, John Calvin 종교개혁의 위대한 신학자이자 성경학자 중 한 명인 장 칼뱅John Calvin, 1509-1564의 작업으로부터 기인하는 신학적 사상 체계. 칼뱅, 특히 그의 『기독교강요』(Institutes of the Christian Religion)에서 보여 준 중심 사상은 하나님의 *주권sovereignty이었다. 칼뱅주의는 『기독교강요』에 펼쳐진 칼뱅의 사상을 역사적으로 발전시킨 것이다. *도르트 총회Synod of Dort, 1618-1619는 칼뱅주의 주요 교리들의 표준적 개요가 무엇인지 공표했다. 이것들은 튤립TULIP이라는 축약어로 표현되는데, 그 내용은 다음과 같다. 전적 *부패Total depravity, 무조건적 *선택Unconditional election, *제한 속죄limited atonement, *불가항력적 은혜irresistible grace, 성도의 *견인 Perseverance of the saints. 참조. *아르미니우스주의, 아르미니우스.

칼케돈 신조 Chalcedonian definition, creed, formula 그리스도의 인성과 신성 간의 관계를 서술하고자 했던, 451년 칼케돈에서 내려진 에큐메니칼 공의회의 신학적 결정. 교회는 그리스도의 인격에 대한 칼케돈 신조를 정통 진술로 수용했다. 이 신조는 "한 분이요 동일한 그리스도, 아들, 주, 독생자는 두 본성으로 알려지셨으나, 혼합 없이, 변화 없이, 분리 없이, 분열 없이 존재하며, 그 본성의 차이는 결코 연합으로 인해 사라지는 것이 아니다"라고 고백한다.

케노시스, 케노시스 신학 kenosis, kenoticism 빌립보서 2:7-11에서 사용된 헬라어 동사 에케노센*ekenōsen*으로부터 온 표현. 케노시스는 성육신과 십자가의 죽음으로 그를 이끄는 하나님의 뜻에 의식적으로 순종을 택한 그리스도의 자기 비움을 가리킨다. 많은 신학자는 그 용어를 신성의 능력으로 인해 그에게 속한 특권과 권능을 사용하지 않으려는 그리스도의 선택으로 본다. 19세기의 어떤 사상가들은 이 개념을 통해 성육신을 인간 예수가 되기 위해 선재하고 영원한 성자의 자기 비움으로 말하는 케노시스 *그리스도론Christology을 세웠다. 이러한 자기 비움에는 어떤 신적 속성들을 따로 떼어 놓는 것이, 적어도 그의 신적 권능으로부터 독립된 활동이 포함된다.

케리그마 *kērygma* 문자적으로, '선포'를 뜻하는 이 용어는 예수 그리스도의 복음에 대한 근본적인 신약의 메시지(선포된 말씀의 내용) 혹은 특별히 설교(말씀을 공적으로 선포하는 행위)를 통한 메시지의 선포를 가리킨다. 케리그마의 기초는 예수 자신의 설교막 1:14-15에 놓여 있지만, 신학자들은 일반적으로 더욱 특별히 그리스도로서의 예수의 인격과 사역을 증언했던 초대교회의 선포에 초점을 맞춘다.

코이노니아 *koinōnia* '사귐', '교제', '함께 나눔' 등을 의미하는 헬라어. 이 용어는 성령에 의해서 가능케 된, 그리스도의 삶에 함께 참여하는 기독교 신자들의 공동체 혹은 사귐을 가리킨다. 따라서 이러한 기본적이고 공유하는 참여는 제자 공동체인 그리스도인의 공동생활의 기본적인 특성을 보여 준다.

키에르케고르, 쇠얀 Kierkegaard, Søren (1813-1855) 키르케고르, 키에르케고어, 쇠렌 가장 영향력 있는 근대의 철학적·신학적 저술가 중 한 명인 키에르케고르는 보편적 관념들보다는 주관적 진리들과 경험들을 강조했다. 그의 *실존적existential 변증법은 하나님의 임재 안에 존재하는 개인의 위치를 다루며, 그렇게 함으로써 기독교 공동체라는 개념을 배제할 정도로 개인의 영혼과 하나님의 관계를 강조했다. 또한 키에르케고르는 진리를 외부의 객관적인 대상과 연관시키기보다, 진리를 알아가는 개별 주체와 연관시켰다.

타락 Fall 최초의 사람 아담과 하와가 하나님의 분명한 명령에 불순종함으로써 인류에게 죄와 죽음을 가져오게 만든 사건. 타락의 결과로 사람은 하나님으로부터, 다른 사람으로부터, 창조 질서로부터 소외되었다.

타락 전 선택설 supralapsarianism 전택설 '하나님의 작정에 대한 논리적 순서'라는 문제에 있어서 하나님은 아담의 *타락Fall을 허용하시기 이전에 일부 사람은 *선택election하고 나머지는 유기하기로 작정했다는 견해를 고수하는 *예정predestination에 대한 *칼뱅주의적Calvinistic 견해의 하나. 따라서 선택의 *작정decree은 '타락보다 앞서는 것'이다. 타락 전 선택설에 있어서 강조되는 것은, 이미 창조되어 타락한 인간이 아니라(타락 후 선택설), 창조되지 않고 타락하지도 않은 사람에 대한 하나님의 예정이다. 결과적으로 타락 전 선택설의 시각은 이중 예정이라는 개념으로 나아간다. 즉 하나님은 어떤 사람들은 영생으로 또 다른 사람들은 영벌로 예정함으로써 자신을 영화롭게 할 자들을 선택했다. **참조**. *타락 후 선택설.

타락 후 선택론자 infralapsarian 후택설자 ***타락 후 선택설**을 보라.

타락 후 선택설 sublapsarianism, infralapsarianism 후택설 하나님의 선택

에 대한 복잡한 내용에 대한 칼뱅주의자들 간의 논쟁과 연관된 것으로, 이 입장은, 하나님의 *선택election에 대한 작정은 논리적으로 인류가 죄로 *타락Fall하는 것을 허용하는 하나님의 작정에 뒤따른다. 즉 선택의 작정은, 타락을 허용하는 작정 앞에 선택을 두는, 즉 '타락보다 앞서는 것'이 아니라 '타락에 뒤따르는 것'이다. 결과적으로 타락 후 선택받은 자들은, 선택을 타락에 대한 하나님의 반응으로서의 예정으로 본다. **참조.** *타락 전 선택설.

탁월의 길, 부정의 길, 원인의 길 *via eminentiae, via negativa, via causalitatus* 라틴어로 '탁월의 길'을 의미하는, '비아 에미넨티아이' 혹은 '비아 아날로기아이'*via analogiae*(유비의 길)는 하나님을 이해하고 하나님에 대하여 말하기 위한 *아퀴나스Aquinas의 유비적 접근 방식을 가리킨다. 아퀴나스는 하나님에 관한 모든 말을 피조 세계로부터 취하여 유한한 이미지를 사용하는 유비로 보았다. 그것은 신학자들로 하여금 불충분한 표현일지라도 하나님에 대한 긍정적인 말을 할 수 있게 만들었다. '비아 네가티바'를 통한 '부정적인 진술들'(즉 하나님은 무엇이 아니다)은 하나님의 형언할 수 없음을 표현하기 위해 사용되었다(예. 불가해성이나 무류성 등). 아퀴나스의 유비적인 진술은, 만물은 세상의 원인인 하나님에 의해 만들어지고 유지되며, 인과율 그 자체가 유비적인 개념이라고 보는 그의 창조 교리의 해석에 의존한다. 따라서 '비아 카우살리타투스'는, 신학자들이 하나님에 관한 진술을 할 때, 반드시 하나님이 세상의 최초의 원인임을 말하도록 만든다.

탈신화화 demythologizing *루돌프 불트만Rudolf Bultmann이 성경 해석에 대한 자신의 접근 방식을 묘사하기 위해 사용한 용어. 불트만은 현대 지성이 악령, 천국, 지옥, 기적에 대한 믿음을 비롯한 성경의 고대 세계관을 수용할 수 없다고 믿었다. 따라서 해석이라는 과업은, 본문에서 발견되는 고대 *신화들myths 혹은 상징들의 정체를 밝히고, 그것들을 그에 상응하는 현대적인 것들(불트만의 정의에 따르면 그것들 또한 신화다)로 대체하는 것이다. 이러한 의미로, 불트만의 탈신화화는 신화 그 자체에 대한 직접적인 반대라기보다는 시대에 뒤쳐진 신화의 사용에 반대하는 것이다. 비신화화는 독일어 원어가 아닌 영역어 demythologization의 한국어 번역이다.●

테르툴리아누스 Tertullian (주후 160-220) 아마 *아우구스티누스Augustine 다음으로 위대한 *교부 시대patristic period 서방 신학자. 테르툴리아누스는 라틴어(서방 신학의 언어)로 저술을 한 최초의 주요 기독교 신학자 중 한 명이다. 또한, 그는 기독교를 변호하는 많은 변증적·신학적·논쟁적 작품의 저자이기도 하다. 테르툴리아누스는 주로 하나님을 '세 위격 내 한 실체'라고 묘사하기 위해 *삼위일체Trinity라는 용어를 사용한 최초의 신학자로 유명하다.

테오프뉴스토스 theopneustos '하나님이 숨을 내쉰'God-breathed 혹은 '하나님이 영감을 주신'God-inspired을 가리키는 헬라어. 일반적으로 이 단어는 신적인 영감을 받은 문서들딤후 3:16이나 신적 영감을 받은 저자들의 결과물벧후 1:21로서의 성경의 신적 차원을 묘사하기 위해 사용된다.

토대론 foundationalism 정초론 지식을 세우기 위한 시작점 혹은 '토대'를 찾는 지식에 관한 모든 이론을 가리키는 용어. 이 토대는 첫 명제들에서 출발하여 논리적 추론을 사용하여 지식이 그 위에 건축될 수 있도록, 확실한 명제 내지 명제들의 집합이라는 형태를 띨 것이다. 역사적으로, 르네 데카르트René Descartes가 가장 위대한 토대론 철학자로 잘 알려져 있다. 데카르트는 자신의 전체 지식 체계를 그 유명한 표현 '코기토 에르고 숨'Cogito ergo sum(나는 생각한다, 고로 존재한다)이라는 확언으로 시작한다. 그와 달리 일부 토대론자(예. *프리드리히 슐라이어마허Friedrich Schleiermacher)는 인간의 보편 경험으로 추정되는 어떤 것을 토대로 하여 지식을 세우려고 노력했다.

토마스 아퀴나스 Aquinas, Thomas (1225-1274) 중세 이탈리아의 신학자이자 수도사. 1879년 교황 레오 13세에 의해 그의 저작은 로마가톨릭 교회의 공식 가르침으로 선언되었다. 아퀴나스의 가장 큰

● 주원준,『구약성경과 신들』(한남성서연구소, 2018 개정판), 20-21.ⓒ

영향력은 *『신학 대전』*Summa Theologica*, 바오로딸, 1985-에서 발견되며, 이는 기독교 신학의 체계적인 설명으로서 아리스토텔레스의 철학 체계에 기반을 두고 있다. 한편 그의 가장 유명한 기여 중 하나는 신 존재를 증명하는 *다섯 가지 길the Five ways이다.

토마스주의, 신토마스주의 Thomism, neo-Thomism 토마스주의는 *토마스 아퀴나스Thomas Aquinas의 가르침과 그에 뒤이어 그의 사상에 기초한 철학 및 신학 학파들을 가리킨다. 신토마스주의로 알려진 20세기 토마스주의의 부흥은 두 가지 주요한 형식을 취했다. 초월적 토마스주의(칼 라너Karl Rahner와 버나드 로너간Bernard Lonergan에 의해 대표되는)는 토마스주의의 주요한 관심사들을 *임마누엘 칸트Immanuel Kant의 통찰력과 조화시키며, 신스콜라주의적neoscholastic 토마스주의(에티엔느 질송Étienne Gilson과 자크 마리탱Jacques Maritain에 의해 대표되는)는 아퀴나스의 본래 가르침들의 '순수한 형태'pure version를 재발견하고 재확인하려고 노력한다.

튤립 TULIP *도르트 총회Synod of Dort에서 확언된 다섯 가지 신학적 내용을 가리키는 두문자어(전적 부패Total depravity, 무조건적 선택Unconditional election, 제한 속죄Limited atonement, 불가항력적 은혜Irresistible grace, 성도의 [하나님에 의한] 견인Perseverance [or divine perseverance] of the saints). 도르트 총회 이후, 이 두문자어는 칼뱅주의의 가르침의 요약으로 사용되곤 한다. **참조**. *칼뱅주의, 장 칼뱅.

트렌트 공의회 Council of Trent (1545-1563) 트리엔트 공의회, 트리덴티노 공의회 로마 가톨릭 교회가 마르틴 루터와 다른 개신교 종교개혁자들이 제기한 도전들에 대한 반응으로 연 신학적 공의회. 다섯 명의 교황의 임기 기간에 이어진 트렌트 공의회는 *칭의justification, *성례sacraments, 성경 교리에 대한 개신교 교리들에 대응하려고 시도했다.

특별 계시 special revelation 구속사 속에서 특별하게 증거되고, *성육신incarnation에서 절정에 달한 성경을 통해 이해되는 하나님의 신적 자기 계시. 비록 성경은 외적으로 *일반general 계시와 특별 계시 둘 다 확언하는 듯하지만(*계시revelation를 보라), 특별 계시만이 우리의 죄로 인한 곤경, *구원salvation에 대한 하나님의 약속, 그리스도 안에서의 구원의 성취를 완전하게 드러낼 수 있다.

틸리히, 폴 Tillich, Paul (1886-1965) 20세기 가장 영향력 있는 개신교 신학자 중 한 명인 틸리히는 현대 문화에 대한 반응이자 진지한 상호작용을 위해 철학적 신학을 발전시켰다. *상관관계의 방법method of correlation으로 유명한 틸리히는 모든 실재(하나님, 즉 존재의 근원을 포함하여)는 신화와 상징을 통해서만 알려질 수 있다고 논했다. '새로운 존재'New Being로 계시된 존재의 근원에 참여함으로써, 인간은 타락의 '비존재'에서 새로운 인간의 '존재'로 이동할 수 있으며, 그러한 인간 존재의 가장 완전한 상징이 바로 그리스도 예수다.

Ⅱ

파루시아 parousia 그리스도의 재림 역사의 끝에, 예수 그리스도의 재림을 가리키기 위해 사용되는 헬라어. 문자적으로 이 용어의 뜻은 '임재'presence다. 따라서 이것은 그가 세상에 완전하게 임재할, 혹은 그의 임재가 완전히 드러날 시점으로서의 그리스도의 재림을 가리킨다.

패러다임, 패러다임 시프트 paradigm, paradigm shift 발상, 발상의 전환 패러다임은 사상, 신념, 행위의 의식적인 혹은 무의식적인 구조다. 패러다임 시프트는 이 구조 내에서 일어나는 변화로 , 그 결과 다르게 사물을 바라보고 생각할 수 있는 능력을 갖추어 완전히 새로운 혹은 다른 방식으로 반응하는 것이다. 20세기 미국의 과학철학자 토머스 쿤Thomas Kuhn의 저술을 통해 이 용어들이 널리 사용되었다.

페리코레시스 perichoresis *상호(침투)내재를 보라.

페미니즘 feminism 실재와 세계에 대한 여성의 관점을 강조하려고 또는 회복하려고 시도하는 모든 운동. 신학과 성경 연구에 있어서, 가장 광범위한 의미로 페미니즘은 하나님의 여성적 특성 및 성경이 얼마나 자주 남성의 편견과 억측으로 해석되어 왔는지, 이 두 가지를 보여 주려 해 왔다. 가장 급진적 형태의 신학적 페미니즘은 하나님이 여성적 호칭으로 불려야 하며(예컨대 여신이나 어머니) 성경의 많은 부분, 특별히 구약은 가장 가부장적이고(그러므로 부적절한) 가장 반여성적(그러므로 여성 억압적)이라고 주장한다. 가장 중도적인 형태의 페미니즘은 *삼위일체Trinity에 관하여 전통적인 성부, 성자, 성령이라는 호칭을 거부하지 않으면서, 하나님에 대한 신학적 설명에 여성적 언어와 관점을 제공하려고 한다.

펠라기우스주의 Pelagianism 영국의 수도사 펠라기우스Pelagius, 약 354-415의 가르침으로, 인간 노력과 공로가 하나님의 은혜 없이도 *구원salvation을 가져올 수 있다고 선언했을 것으로 추측된다. 교부 *아우구스티누스Augustine는 펠라기우스에게 철저하게 반대했다.

편재(성) omnipresence 피조 세계 그 어디라도 동시에 임재하는 하나님의 속성. 만물이 하나님 앞에 있다는 것이 더욱더 정확하게 편재를 나타내는 표현일 것이다. 결과적으로 하나님의 인식(과 돌봄)을 벗어난 곳은 우주 그 어디에도 없다.

편집 비평 redaction criticism 성경 저자들이 자신들의 특별한 강조점을 나타내기 위해 창조적으로 또한 목적을 가지고 자료를 수정한 방식을 분석함으로써 그들이 기여한 신학적·문학적 요소들에 초점을 맞추어 성경을 해석하는 접근 방식.

평신도 laity 문자적으로 '사람'을 가리키는 이 단어는 엄밀히 말하면 그리스도의 몸이 된 하나님의 백성 전체를 가리킨다. 이 용어는 임직된 *성직자clergy와 구분하여 임직되지 않은 사람들을 가리키는 말이 되었다.

평화 신학 irenics 신학적으로 *정통orthodox이지만 진심에서 우러난 신학적 불일치의 문제가 있는 자들과 기독교 교리들에 대하여 논쟁하고 토의하는 실천. 이것은 신앙 공동체 내에서 함께 신학적 반성을 하는, 친밀하면서도 신랄한 책무를 포함한다. 평화 신학은 그리스도인이라 자신을 부르기를 고집하지만, 정통 기독교 신학의 경계를 수용하지 않는 자들의 입장에 대하여 토론하고 논쟁하고 논박하는 *논증학polemics과는 대조적이다.

포괄주의 inclusivism 하나님은 오직 예수 그리스도의 공로로 사람을 구원하지만, 예수를 의식적으로 알거나 복음을 들은 사람만 구원받는다는 것은 아니라는 *구원salvation 이론. 하나님은 비록 예수에 대해 듣지 못한 자라 할지라도 그들이 얻을 수 있는 하나님의 계시에 대한 지식에 최고로 반응한 자들은 구원한다. 이 견해는 하나님은 오직 예수 그리스도의 복음 제시에 의식적으로 받아들이는 사람만 구원한다는 *배타주의exclusivism 및 비기독교 종교에도 구원하는 가치가 있다고 보는 *다원주의pluralism와 대조된다.

포세 페카레, 포세 논 페카레 *posse peccare, posse non peccare* 죄를 지을 수 있음, 죄를 지을 수 없음. **참조**. 그리스도의 무죄성을 나타내는 *무흠.

포스트모더니즘 postmodernism 20세기 말 서구 사회의 지적 발전 및 문화적 발전의 다양성을 표현하기 위해 사용되는 용어. 포스트모던의 풍토는 모더니즘 가치에 대한 거부 및 *계몽주의Enlightenment 시기에 발전했던 보편 이성의 원리들에 대한 불신이라는 특징을 지닌다. 포스트모던은 일반적으로 *다원주의pluralism를 포용하며 현대 사회를 특징짓는 세계관과 종교의 다양성에 가치를 둔다.

표준 norm 규범 *윤리학ethics에서 어느 집단의 회원들을 구속하는 올바른 행동에 대한 권위 있는 기준 내지는 원칙. 표준은 어떤 집단에 수용될 만한 것으로 여겨지는 행동이나 태도를 조절하고, 통제하고, 인도하며, 그렇게 함으로써 그 종합적인 정의definition에 기여한다. 신학에서 표준은 교리적 정식들의 내용을 형성하고 또한 결정하는 것이다. 일반적으로 개신교인들은 다른 모든 것들 위에 있는 하나의 표준, 즉 성경에 호소한다. 따라서 성경은 신학적 사색과 구성을 위한 '표준을 제시하는 표준'*norma normans*이 된다.

풍유, 풍유적 방법 allegory, allegorical method 알레고리 풍유란, 그 세부 내용이 '감추인', '보다 고등한', '보다 심오한' 의미를 갖는 혹은 드러내는 이야기의 일종이다. 풍유적 성경 해석 방법은, 성경의 문자적 내용이 가리키는 바를 보고 '영적' 의미를 찾아냄으로써 성경 이야기를 해석해야 한다는 주장을 상정하고 있다. **참조.** *모형론.

프락시스 ***실천, 정행**을 보라.

프로소폰 *prosōpon* '얼굴', '외모'를 나타내는 헬라어.

프롤레고메논 prolegomenon 서설 보통 복수형인 프롤로고메나prolegomena로 쓰이는 이 단어는 형식을 갖춘 짧은 논문이나 보다 큰 작품을 시작하고 해석하기 위해 사용하는 비판적 논의를 위한 서문의 글prefatory remarks을 뜻한다. 신학에서 프롤레고메나는 계시의 본성과 중심이 무엇인지, 그리고 신학의 본질과 직무가 무엇인지를 다루는 *조직 신학systematic theology의 도입부에서 일반적으로 발견되는 방법론을 가리킨다. **참조.** *신학 방법, 방법론.

플라톤주의 Platonism 플라톤 철학 그리스 철학자 플라톤의 철학 체계로 서구 사상(기독교 포함)에 지대한 영향을 미쳤다. 플라톤의 철학은 주로 그의 형상에 대한 개념들, 즉 *우주론cosmology과 *불멸성immortality에 달려 있다. 플라톤에 따르면, 현실에 창조된 사물은 초월적이고 객관적이고 영원한 '형상들'에 대한 불완전한 모사이며, 가장 최고의 형상은 바로 선의 형상이다. 인간의 지식은 선천적인 것이며 합리적인 사색과 소크라테스식 '산출'extraction을 통해 파악(또는 상기ⓒ)될 수 있다. 죽을 때 몸은 갇혀 있던 영혼을 해방하며 다시 그 순수한 형상 안에서 진리를 관상할 수 있게 된다.

필리오케 *filioque* 문자적으로 '그리고 아들'을 의미하는 라틴어 표현인 필리오케는 6세기경 서방(라틴) 교회들이 니케아-콘스탄티노플 *신경Creed, 주후 381에 있는 성령에 대한 서술에 덧붙임에 따라 중요하게 되었다. 본래 성령은 성부로부터 출래한다proceed고 그 신경은 진술하지만, 필리오케라는 표현을 덧붙인 것은 성령이 성부'와 성자' 둘 다에게서 출래함을 시사하게 되었다. 동방 교회들의 동의 없이 덧붙인 필리오케는 거대한 논쟁에 불을 붙였고 훗날 주후 1054년 동방 교회들과 서방 교회들 사이를 갈라놓는 주요한 요소가 되었다.

하나님 나라 kingdom (of God) 하나님 왕국 피조 세계에 대한 주권 행사인 하나님의 역동적인 통치. 비록 이 용어의 뿌리가 구약에 있지만, 특별히 기독교적 이해는 하나님의 통치가 침입함을 알리는 예수의 선포로부터 일어났다. 따라서 하나님의 나라는 하나님의 신성하고 주권적인 통치로 예수의 생애, 사역, 죽음, *부활resurrection, 그리고 그에 뒤잇는 세상에 성령이 부어짐 등을 통해 선포되고 시작되었다. 이런 의미에서 그리스도는 지금도 다스리며 하나님 나라는 이미 도래했다. 동시에 *교회church는 하나님 통치의 미래의 완성을 기다리고 있다. 이러한 하나님 나라의 '이미' 그러나 '아직 아니'의 차원은 그것이 주어진 실재(혹은 현재에도 역사하는 하나님의 권능)이자 미래의 성취 혹은 완성을 향한 과정 둘 모두임을 암시한다.

하나님의 말씀 Word of God 구약적인 의미로는 하나님이 말씀한 것, 특별히 선지자 대변인을 통해 말씀한 것을 포함하며, 기독교적인 의미로는 무엇보다 말씀인 예수 그리스도 안에서의 하나님의 자기계시를 일컫는다예. 요 1:1. 또한 하나님의 말씀은 그리스도에 관한 복음 선포와 더 나아가 그리스도에 관한 진리를 증언하는 성경을 일컫기도 한다.

하나님의 의지 will of God 피조 세계 전체와 특별히 인간을 향한 하나님의 거룩한 목적. 많은 신학자는 하나님의 '자유로운' 의지와 하나님의 '필연적' 의지를 구별한다. 창조주인 하나님이 강요가 아닌 자유 가운데서 피조 세계에 대하여 행동한다는 점에서 하나님의 의지는 자유로우나, 하나님은 언제나 자신의 신적인 본성 및 특성과 일관성 있는 방식으로 행동한다는 점에서 필연적이다. 또한 신학자들은 때때로 하나님의 '숨겨진' 의지(즉 하나님이 무엇을 할지 하나님만 안다)와 하나님의 '드러난' 의지(하나님은 자신이 무엇을 할지 혹은 피조물에 대한 목적이 무엇인지 인간에게 밝힌다)

를 구분하기도 한다.

하나님의 진노 wrath of God 하나님을 대적하는 피조물들에 의해 드러난 죄와 악과 부정에 대한 하나님의 자유롭고, 주체적이면서도 거룩한 반응.

하나님의 형상 *이마고 데이를 보라.

하나님의 흔적(베스티기움 데이) vestigium Dei '하나님의 흔적들'을 가리키는 라틴어로, 창조 질서 안에 한 분 하나님에 대한 흔적들 내지는 증거들이 있으며 또한 하나님이 피조 세계 안에 유비적으로 신성을 계시했다는 견해.

하르낙, 아돌프 폰 Harnack, Adolf von (1851-1930) 신약과 교부학(초기 교회 교부들의 사상과 저술에 대한 연구) 연구에 크게 기여한 독일 신학자이자 교회사가. 하르낙의 주요 논증 중 하나가 초기 교회의 교리 혹은 *교의dogma의 발전은 예수와 그의 제자들의 본래의 가르침에서 점점 멀어졌다는 것이다. 따라서 하르낙은 신학자이자 교회사가의 직무는 교리의 문화적·역사적 발전이라는 '껍데기'를 벗겨 내고 예수에게서 발견되는 복음의 본래의 '알맹이'kernel로 되돌아가는 것이라 주장했다. 하르낙에게, 이 알맹이란 예수의 *하나님 나라kingdom of God 선포였다. 이 나라는 하나님의 부성과 인간의 가족됨kinship에 기초하며 보다 높은 의(사랑)의 실천을 통해 그리스도인에 의해 완성된다.

하이델베르크 교리문답(서) Heidelberg Catechism 16세기 독일의 선제후 프리드리히 3세Frederick III의 요청으로 하이델베르크 대학교의 신학과에서 작성된 신앙고백서. 이 교리문답서는 신앙의 본질을 어린 사람들에게 교육하고 또 *견진confirmation 성사를 준비하는 사람들을 위해 사용되었다. 이 교리문답서의 가장 특징적인 요소는, 개혁파와 루터교의 관점을 하나의 문서로 묶은 그 역량에 있다.

할례 circumcision 남성의 성기의 포피를 잘라내는 의식. 본래 그 행위는 하나님에 의해 (아브라함을 대상으로) 제정된 것으로, 곧 구약의 신앙 공동체 안으로 들어오는 것을 의미하는 외적 행위가 되었다. 모세 율법은, 모든 유대인 남성은 태어난 지 8일째 되는 날 할례를 받아야 한다고 서술한다. 또한 할례는 유대교로 회심한 이방인 개종자에게도 시행되었다. 신약에 따르면, 그리스도를 통해 표면적 육신의 할례는 '영적 마음의 할례'로 대체되었다 롬 2:29; 참조. 신 30:6.

해방 신학 liberation theology 이 용어는 대체로 1960년 말 라틴 아메리카(여전히 그 중요성을 유지하고 있는 곳)에서 발전한 신학 운동을 일컫는다. 신학과 사회정치적 관심사를 하나로 묶으려 시도하는 구스타보 구티에레스Gustavo Gutiérrez와 같은 해방 신학자들은 가난한 자와 억압받는 자의 극복으로 이해되는 해방을 성경의 주제로 강조한다. 또한 해방 신학자들은 남미 사회의 소외된 그룹들의 대표자들로 보이는, 여성, 아프리카계 미국인, 히스패닉, 미국 원주민, 아시아계 미국인 등에게서도 나타난다.

해석학 hermeneutics 본문, 특별히 성경과 같은 경전이 어떻게 해석되어야 하는지에 대한 원리들과 이론들을 연구하는 분야. 또한 해석학은 저자, 본문, 원독자와 후대의 독자 간의 특별한 역할들과 관계들을 파악하는 데도 관여한다.

해석학, 의심의 hermeneutic of suspicion 프랑스 철학자 폴 리쾨르Paul Ricœur가 본문의 진실성에 대한 물음 혹은 '의심'을 가지고 다가가는 해석학적 실천을 가리키기 위해 처음으로 사용한 표현. 의심의 해석학은 역으로 본문이 '독자'의 전제와 세계관에 문제를 제기하게 하기도 한다.

해체 deconstruction 어떻게 글이 실재에 대한 그림을 '구성하고' 있는지를 비판하기 위해, 실재에 대한 어떤 특정한 표상을 분석하는 과정을 기술하려고 주로 *해석학hermeneutics(기록된 글이나 발화된 말을 해석하는 기술이자 학문)에서 사용하는 용어. 비록 해체주의자들이 항상 명시적으로 행위에 있어서 부정적인 것은 아니지만, 그들은 종종 자신들이 철학적으로 혹은 이데올로기적으로 반대하는 본문의 진정성을 떨어뜨리기 위한 기술로 해체를 사용한다. 때때로 후기구조주의poststructuralism로 알려지기도 한 해체는 소위 *구조주의structuralism라 불리는 문학 이론으로부터, 그리고 그것에 대한 반발로서 등장했다. 구조주의는 다양한 본문 내지 문학 작품들을 특징짓는 공통의 구조를 분석하려는 시도였다.

허무주의 nihilism 일반적으로, 도덕적·전통적 사회 구조와 연관된 신념들과 가치들에 대한 완전한 거부(극단적인 형태로는 해체). 철학적으로 허무주의는 객관적 진리를 주장하는 것에 대한 완전한 회의주의적인 태도를 나타낸다. 허무주의는 지식을 감각적인 경험에 대한 의존으로 보므로 도덕적이고 신학적인 주장은 모두 무의미하다.

헤겔, 게오르크 빌헬름 프리드리히 Hegel, Georg Wilhelm Friedrich (1770-1831) '정신' 혹은 '영'(독. Geist)이 궁극적인 현실이며 모든 것은 '정신'의 산물이라 주장한 독일의 철학자이자 신학자. 따라서 피조 세계는 본질적으로 신적 정신의 산물이다. 결과적으로 헤겔은, 역사가 어떻게 펼쳐질지 아는 것은 곧 신적 지성의 작동을 파악하는 것이라 주장했다. 따라서 역사의 모순들은, 그것들이 논리적인 모순이든, 전쟁 가운데 한 나라가 다른 한 나라를 대적하는 두 국가 간의 대립이든, 언제나 그 두 측면을 초월하는 보다 높은 이해 혹은 종합으로 나아간다.

현상학 phenomenology 에드문트 후설 Edmund Husserl과 그의 추종자들과 연관되는 20세기의 철학적 운동. 현상학은 처음에는 *인식론 epistemology, 즉 우리가 어떻게 구체적인 실재들(추상적 속성들의 구체적 실례들)에 대한 우리의 지각에 기초하여 *본질 essences에 대한 지식, 혹은 세계의 본질적 특성(즉 추상적인 속성)에 대한 지식을 획득하는지에 초점을 맞추었다. 현상학자들은 나중에 자신들의 관심을 인간의 정신 활동의 본질로 옮겼다. 결과적으로 현상학은 인간의 의식과 자기의식의 발달에 관한 연구와 연관되었다.

협력, 신의 협력 concurrence, *concursus divinus* 콘쿠르수스 디비누스 하나님의 신적 주권과 창조된 인간의 자유로운 행위와 책임 간의 관계를 정의하려는 모든 이론을 일컫는 용어. 특별히 전통적으로 이 협력은 하나님이 인간이 행하는 행위 안에서 인간 의지에 동의하는 개념을 가리킨다.

형벌 대속론 *속죄의 형벌 대속론을 보라.

형이상학 metaphysics 단순히 물리적인 것 너머(메타는 '너머'라는 뜻도 갖고 있다)에 놓인 실재의 궁극적인 본질에 대한 철학적 탐구. 형이상학은 *존재론적ontological 관심사, 즉 무언가가 '실재'하게끔 하는 것 또는 '존재'를 갖게끔 하는 것에 대한 물음을 다룬다.

호교론 *변증학을 보라.

혼합주의 syncretism 절충주의, 통합주의 다르거나 혹은 반대되는 교리와 실천들, 특별히 철학적인 체계와 종교적인 체계 사이를 절충함으로써, 결과적으로 각각의 근본적인 구조와 내용을 변화시켜 완전히 새로운 체계라는 결과를 낳으려는 시도. 복음에 대한 혼합주의는 그것의 본질적인 성격과 문화로부터 온 요소들이 혼합될 때 발생한다. 교회가 이미 문화 속에서 나타나는 것을 그저 용인할 때, 혼합주의 안에서 복음은 상실된다.

화목(제) propitiation 죄에 대한 *하나님의 진노wrath of God를 돌이키게 하는 제사. 신약에 따르면 하나님은 신적 진노를 제거하는 제사를 직접 제공하시기 위해 성부의 사랑 안에서 아들을 인간의 죄를 위한 '화목 제물'로 보내셨다요일 4:10. **참조**. *보속.

화체설 transubstantiation 실체 변화(가톨릭, *transsubtantiatio*) 로마 가톨릭 신학에서 '본질적 변화'essential change를 의미하는 용어로, 하나님의 능력으로 미사의 축성 시에, 비록 자연적인 특성들은 그대로인 듯 보이더라도 빵과 피의 실체가 예수의 살과 피의 실체로 실제 변한다는 믿음.

화해 reconciliation 원한으로부터 화해로 전환하는 관계 혹은 태도의 변화 내지는 태도나 행위 안에서 적대의 중지. 화해는 기독교의 중심 교리 중 하나다. 특별히, 하나님은 그리스도 안에서, 그리스도를 우리의 적대감과 증오의 대가로 취하고 세상이 하나님과 연합할 수 있도록 해방함으로써, 자신에 대하여 적대적인 죄인 및 세상과 화해했다고후 5:19. 복음의 근본적인 전제는, 오직 하나님만이 하나님을 향한 인간의 적개심과 그로 인해 하나님으로부터 소외된 결과를 품고 제거할 수 있다는 것이다. 따라서 하나님만이 이러한 관계의 변화에 영향을 미칠 수 있다.

확신, (구원의) assurance (of salvation) 그리스도인들은 자신이 진실로 하나님의 자녀라는 것을 알 수 있다는 가능성을 가르치는 교리. 사도 요한은, 확신은 순종하는 기독교적 삶을 산 결과이자요일 2:3-6, 성령의 지속적인 임재와 내적 증언을 통해요일 4:13 이루어진다고 가르친다. (『개혁신학 용어 사전』의 "구원의 확신"을 참조하라.ⓒ)

환난 tribulation 신약의 가르침에 따르면, 예수 그리스도를 따르는 자들에게 당연히 찾아오는 것으로, 하나님의 사람이 당할 외적 내적 고통. '환난'에 대한 신약의 언급들을 보면, *파루시아parousia 전의 때를 나타낼 표지로 이전에 없던 전 세계적인 고통의 기간이 묘사되어 있다. 각기 다른 천년왕국 이론의 시각에 따라, *천년왕국millennium과의 관계 속에서 이 환난의 때는 다르게 위치한다. 이와 비슷하게, *휴거rapture의 때에 대한 각기 다른 견해에 따라, *종말론적eschatological 환난과의 관계 속에서 이 사건은 각기 다른 시점에 놓인다.

환생 reincarnation 개별적인 인간 영혼들의 완전한 정화가 성취되어 마침내 궁극적 실재인 하나님과 연합하기 전까지, 연속된 삶을 통해 한 몸에서 다른 몸으로 이주한다는 믿음. 비록 그리스 철학자 *플라톤Plato이 가르치기는 했으나, 일반적으로 환생은 힌두교와 같은 동양 종교와 연관이 깊다. 대체로 환생은 기독교의 *부활resurrection과 양립 불가능한 것으로 여겨진다.

회심 conversion 개종 하나님의 은혜의 선물을 수용한 결과로 한 개인이 그리스도 안에서 하나님과 만나는 것을 가리키는 용어. 회심 중 수반되는 변화에는 죄 가운데 죽은 자에서 그리스도 안에서 산 자가 되는 마음의 변화(*중생regeneration, 요 1:12-13), 하나님 앞에서 유죄 상태에서 무죄 상태가 되는 지위의 변화(*칭의justification, 롬 3:21-31), 외인이자 원수에서 하나님의 자녀이자 친구가 되는 관계의 변화(*양자adoption, *화해reconciliation, 요일 3:1; 골 1:20) 등이 있다. 회심은 죄의 노예 되었던 자가 성령에 의해 자유롭게 되어 거룩을 추구하는 제자도의 여정의 시작이다(*성화sanctification).

회중(교회)주의 congregationalism 회중교회제도, 회중정치 그리스도의 권위가 직접적으로 지역 회중에게 행사되어야 한다고 전제하는 하나의 교회 정치 체계. 결과적으로, 신앙과 실천의 문제에 있어서 그 결정은 전적으로는 아니더라도 주로 지역 회중의 공동체적 성경 읽기로 이루어진다. 오늘날 대다수의 회중교회주의는, 다수 회중의 의지가 지역 교회가 믿고 실천하는 바가 무엇인지 정하며 교회의 지도자로 섬길 사람을 결정한다는 점에서 '민주적'이다. (『교회사 용어 사전』의 "회중주의 교회론"을 참조하라.ⓔ)

후기자유주의 postliberalism 구 *자유주의liberalism가 보여 준 인간 경험에 대한 의존을 논박하고, 공동체의 전통이라는 개념을 신학에 지배적인 영향을 미치는 것으로 회복시킨 20세기 말에 일어났던 신학 운동. 후기자유주의는 처음에, 교리의 본질에 대한 *근본주의적fundamentalist 이해(객관적으로 참인 명제로 보는 이해)와 자유주의적 이해(주관적인 신앙 체험의 표현으로 보는 이해)를 모두 거부하고, 교리를 종교 공동체의 '기본 규칙'ground rules으로 보는 조지 린드벡George Lindbeck과 같은 사상가들과 관련된 것이었다.

후천년설 postmillennialism 그리스도의 재림은 *천년왕국millennium 뒤에 올 것이라는 견해. 즉 그의 재림의 시기는 '천년왕국 이후'다. 후천년설자들은 천년왕국이 세상 속에서의 그리스도인의 설교와 가르침의 영적이고 도덕적 영향력으로 임할 것이라고 주장한다. 이것은 증가하는 *회심conversion, 사회 질병의 해결, 기독교적 가치의 보편적 수용 등이라는 결과를 낳을 것이다. 죽은 자의 *부활resurrection 및 최후 *심판judgement으로 특징지을 수 있는 그리스도의 재림의 시기가 올 때까지 악은 점점 감소할 것이다.

후험적, 선험적 *a posteriori, a priori* 어떤 주장이 경험에 의존하는지(후험적) 혹은 경험으로부터 독립되어 있는지(선험적)를 가리킬 때 사용하는 용어들. 예를 들어, 만약 누군가가 창조를 관찰하고 그것이 조직화되는 유형을 본다면, 그것의 원인이 되는 하나님이 존재한다는 후험적 결론(즉 창조에 대한 관찰을 근거로 하는 결론)을 내려야 한다. 그러나 만약 하나님의 존재가 경험에 선행하는 어떤 근거들에 의하여 증명될 수 있다면, 하나님의 존재는 선험적으로 논증되는 것이다.

휘포스타시스, 위격적 연합 *hypóstasis*, hypostatic union 본질 혹은 실체를 뜻하는 휘포스타시스는 초기 교회의 처음 몇 세기 동안 *삼위일체Trinity의 세 위격을 언급하기 위해 동방 신학자들이 처음으로 사용한 헬라어 명사다. *갑바도기아 교부들Cappadocian fathers, 특별히 *바실리오스Basil는, 하나님이 한 *우시아*ousía*(*본질essence 혹은 실체)에 세 휘포스타세이스*hypóstaseis*(휘포스타시스의 복수 표기ⓣ)라고 표현했다. 이 용어는 유용하지만 동시에 혼란을 초래했다. 왜냐하면 서방 신학자들은 하나님을 한 숩스탄티아*substantia*에 세 페르소나이*personae*라고 묘사했는데, 숩스탄티아가 휘포스타시스에 상응하는 라틴어였기 때문이다. 기술적으로, 휘포스타시스는 단일한 신성 혹은 단일한 본질을 공유하는 삼위의 구체적이고 구별된 세 위격을 각각 가리킨다. 이와 대조적으로 위격적 연합은 중요한 그리스도론적 표현이다. 주후 451년 칼케돈 공의회에서, 교회는 위격적 연합의 교리를 선언했다. 이 교리는 동일 인물인 예수 그리스도, 완전한 하나님이자 완전한 인간으로 존재하는 그의 인성과 신성의 기적적인 공존을 서술하기 위한 것이다.

휴거 rapture 라틴어 '라피오'*rapio*(붙잡다)에서 온 용어로, 그리스도가 재림할 때 교회는 '끌어 올려져서'(살전 4:17에서 사용된 헬라어 하르파조*harpázō*), 그리스도와 연합될 것이라는 믿음. 신학자들 간 논쟁이 되는 것 중 하나가 바로, 시대의 마지막 날과 연관된 *환난tribulation의 시기와 관련된 휴거의 때다. 이러한 사건들의 시간과 관련된 견해들은 대환난 전, 대환난 중, 대환난 끝에 휴거가 일어난다는 견해에 따라 환난 전 휴거, 환난 중 휴거, 환난 후 휴거로 각각 불린다. 일부 신학자들은 휴거를 그리스도의 재림을 맞이하는 교회를 가리키는 성경의 이미지로 본다.

희망의 신학 theology of hope 1960년대 독일에서 기원한, 신학에 대한 일종의 *종말론적eschatological 접근 방식으로, 대체로 위르겐 몰트만Jürgen Moltmann, 1926-과 관련 있다. 희망의 신학은 그리스도의 *부활resurrection로 인해 발생한 희망과 약속에 근거하여 현재 이미 미래가 시작되었다고 보는 견해. 결과적으로 교회는 하나님의 약속을 통해 현재에서 하나님을 경험하는 소망의 사람들의 모임이 되어야 하고, 또한 그들은 단순히 *구원salvation을 개인적인 것이 아니라 집단적인 것으로 이해해야 하며, 변화를 기대하면서 현재 시대에 맞서야 한다.

표제어 영문 색인

A

a posteriori 후험적
a priori 선험적 ☞ 후험적
accommodation 수용
adiaphora 아디아포라
adoption 양자
adoptionism 양자설, (그리스도)
advent 강림
aesthetics 미학
agnosticism 불가지론
Alexandrian school 알렉산드리아학파
allegory, allegorical method 풍유, 풍유적 방법
amillennialism 무천년설(주의, 론)
Anabapist 재세례파
analogia entis 아날로기아 엔티스 ☞ 존재의 유비
analogia fidei 아날로기아 피데이 ☞ 신앙의 유비
analogy of being 존재의 유비
analogy of faith 신앙의 유비
analytical philosophy 분석 철학
Anglicanism, Anglican 성공회, 성공회(의)(교도)
anhypostasis 비위격
animism 애니미즘
annihilationism 영혼소멸설
Anselm of Canterbury 안셀무스, 캔터베리의
anthropology 인간론
anthropomorphism 신인동형(동성)론
antichrist 적그리스도
antinomianism 도덕률 폐지론
antinomy 이율배반
Antiochene school 안디옥학파
apátheia 아파테이아 ☞ 무정(성)無情(性)
apocalypse 묵시
apocalyptic literature, apocalypticism 묵시문학, 묵시주의
apokatastasis 아포카타스타시스
Apollinarianism, Apollinarius 아폴리나리우스주의, 아폴리나리우스
apologetics 변증학
apophatic theology 침묵(의) 신학
apostasy 배교
apostle, apostolicity 사도, 사도성
appropriation 전유
Aquinas 아퀴나스
Aquinas, Thomas 토마스 아퀴나스
Arianism, Arius 아리우스주의, 아리우스
Arminianism, Arminius 아르미니우스주의, 아르미니우스
ascension 승천
asceticism 금욕주의
aseity 자존성
assensus 동의
assumption of Mary 성모 승천
assurance (of salvation) 확신, (구원의)
Athanasius 아타나시우스
atheism 무신론
atonement, atonement theories 속죄, 속죄론
attribute, attributes of God 속성, 하나님의 속성
Augsburg Confession 아우크스부르크 신앙고백(문)(서)
Augustine, Augustinianism 아우구스티누스, 아우구스티누스주의
axiology 가치론

B

baptism 세례
baptismal regeneration 세례 중생
Barth, Karl 바르트, 칼
Basil (the Great) of Caesarea 바실리오스, 카이사레아의 (대)
believers' church 신자들의 교회
biblical criticism 성경 비평
biblical theology 성경신학
biblical theology movement 성경신학 운동
bibliology 성경론
binitarianism 이위일체론
blessed hope 소망, 복스러운
Bonhoeffer, Dietrich 본회퍼, 디트리히

Book of Common Prayer 성공회 기도서
Brunner, Emil 브룬너, 에밀
Bultmann, Rudolf 불트만, 루돌프
Byzantine 비잔티움

C

call, general/special/effectual 소명, 일반/특별/유효
Calvinism, John Calvin 칼뱅주의, 장 칼뱅
canon 정경
canonical criticism 정경 비평
Cappadocian fathers 갑바도기아 교부들
casuistry 결의론
catechesis, catechism 교리 문답, 교리 문답서
catholic 보편적
causality 인과율
Chalcedonian definition, creed, formula 칼케돈 신조
charismatic, charismatic movement 카리스마, 카리스마 운동
chiliasm 천년주의
Christ, Christology 그리스도, 그리스도론
Christocentrism 그리스도 중심주의
Church 교회
circumcision 할례
circumincession 상호(침투)내재
clergy 성직자
coherence theory of truth 진리 정합론
coinherence 상호내주
communicatio idiomatum, communicatio operationum 본성교류, 사역의 교류
communion 교제 (교통, 영성체, 성찬례)
compatibilism 양립가능론
concomitance 병재(설)
concupiscence 욕망
concurrence, *concursus divinus* 협력, 신의 협력
conditional immortality 불멸(설), 조건적
confession, confessionalism 고백, 신앙고백주의
confirmation 견진
congregationalism 회중(교회)주의
consubstantiation 공재설
consummation 완성, (종말적/최후의)
contextualization 상황화
contingency 우연성
conversion 회심
coredemptrix 구원의 협조자
correspondence theory of truth 진리 대응론
cosmological argument 우주론적 논증(증명)
cosmology 우주론
Council of Trent 트렌트 공의회
Councils of Chalcedon 니케아, 콘스탄티노플, 칼케돈 공의회
Councils of Constantiople 니케아, 콘스탄티노플, 칼케돈 공의회
Councils of Nicaea, Constantiople, Chalcedon 니케아, 콘스탄티노플, 칼케돈 공의회
covenant, covenant theology 언약, 언약 신학
creatio ex nihilo 무로부터의 창조
creation 창조
creationism 창조론
credo quia absurdum 나는 불합리하기 때문에 믿는다
credo ut intelligam 나는 이해하기 위해 믿는다
creed 신경
criticism - biblical, canonical, form, redaction 비평 - 성경 비평, 정경 비평, 양식 비평, 편집 비평

D

damnation 영벌
Day of the Lord 주의 날
deacon, deaconess 집사, 여집사
death 죽음
death of God movement 사신 신학 운동
deconstruction 해체

decree 작정
deification 신화
deism 이신론
demythologizing 탈신화화
denomination, denominationalism 교파, 분파주의
deposit of faith 신앙의 유산
depravity, total depravity 부패, 전적 부패
descent into hades (hell) 음부강하
determinism 결정론
deus absconditus 숨어 계시는 하나님
deus ex machina 데우스 엑스 마키나
deus revelatus 계시된 하나님 ☞ 숨어 계시는 하나님
dialectical theology 변증법(적) 신학
dialogical personalism 대화적 인격주의
diaspora 디아스포라
dichotomy, dichotomist 이분설, 이분설자
dispensationalism 세대주의
docetism 가현설
doctrine 교리
documentary hypothesis 문서설
dogma, dogmatics 교의, 교의학
dominical saying 주의 말씀
Donatism 도나투스주의
dualism 이원론
Duns Scotus 둔스 스코투스

E

Eastern Orthodoxy 동방정교회
Ebionism 에비온주의
ecclesiology 교회론
economic Trinity 삼위일체, 경륜적
ecumenism, ecumenical movement 에큐메니즘, 에큐메니칼 운동
Edwards, Jonathan 에드워즈, 조나단
efficacy, efficacious 유효성, 유효한
eisegesis 자의적 해석 ☞ 주해
election 선택
elements 성물
emanation 유출
empiricism 경험론
Enlightenment, the 계몽주의
episcopacy, episcopal 주교제, 주교제의
epistemology 인식론
equivocal 다의적
Erasmus, Desiderius 에라스무스, 데시데리우스
eschaton, eschatology – consistent [thoroughgoing], realized, inaugurated 종말, 종말론 – 일관된(철저한) 종말론, 실현된 종말론, 시작된 종말론
essence, *essentia* 본질, 에센티아
esthetics 미학
eternal generation of the Son 성자의 영원한 출생
eternity, eternality 영원, 영원성
ethics 윤리학
Eucharist 성(만)찬
evangelical, evangelicalism 복음주의적, 복음주의
evangelism 복음전도
evidentialism 증거론
evil 악
ex opere operato, ex opere operantis 사효론, 인효론
exclusivism 배타주의
exegesis 주해
exemplarism 모범론
existentialism 실존주의
expiation 보속
extra nos 우리 밖에

F

faith 신앙
Fall 타락
federal theology, federal headship 계약 신학, 계약 대표
feminism 페미니즘
fideism 신앙주의
fides qua creditur, fides quae creditur 믿어지는 신앙 방식, 믿어지는 신앙 내용
fides quaerens intellectum (faith seeking understanding) 이해를 추구하는 신앙

fiducia 신뢰
filioque 필리오케
Five Ways, the 다섯 가지 길
foreknowledge 예지, 하나님의
foundationalism 토대론
free churches, free church movement 자유 교회, 자유 교회 운동
free will 자유 의지
free will theism 자유 의지 유신론
fundamentalism, fundamentalist-modernist debate 근본주의, 근본주의-근대주의 논쟁

G

general revelation 일반 계시
genre 장르
glorification 영화
glory 영광
glossolalia 방언
Gnosticism 영지주의
grace-common, efficacious, prevenient 은혜 - 보통 은혜, 유효 은혜, 선행 은혜
Gregory of Nazianzus 그레고리오스, 나지안조스의
Gregory of Nyssa 그레고리오스, 니사의

H

hamartology 죄론
Harnack, Adolf von 하르낙, 아돌프 폰
Hegel, Georg Wilhelm Friedrich 헤겔, 게오르크 빌헬름 프리드리히
Heidelberg Catechism 하이델베르크 교리문답(서)
Heilsgeschichte 구속사, 하일스게쉬히테
heresy 이단
hermeneutic of suspicion 해석학, 의심의
hermeneutics 해석학
historical criticism 역사 비평
historical Jesus 역사적 예수
historical theology 역사 신학
historicism 역사주의
Holiness Movement 성결 운동
holy 거룩한
homiletics 설교학
homoiousios, *homoousios* 유사본질, 동일본질
hope 소망
humanism, secular humanism 인문주의, 세속인문주의
humiliation of Christ 그리스도의 겸비
hypóstasis, hypostatic union 휘포스타시스, 위격적 연합

I

Iconoclasm 성상파괴주의, 성상파괴론
idealism 관념론
illumination 조명
imago Dei, image of God 이마고 데이, 하나님의 형상
immaculate conception 무염시태
immanence 내재
immanent Trinity 삼위일체, 내재적
imminence 임박
immortality 불멸성
immutability 불변성
impassibility 무정(성)
impeccability 무흠
imputation 전가
incarnation 성육신
inclusivism 포괄주의
individualism 개인주의
indulgences 면벌(부)
inerrancy 무오성
infallibility 무류성
infant baptism 유아 세례
infralapsarian 타락 후 선택론자
infralapsarianism 타락 후 선택설
inspiration 영감(설)
intermediate state 중간 상태
internal testimony of the Spirit 성령의 내적 증언
intuitionism 직관주의
invisible church 교회, 비가시적
Irenaeus 이레나이우스
irenics 평화 신학
irresistible grace 은혜, 불가항력적인

J

Judgment 심판
justice 정의
justification, justification by faith 칭의, 이신칭의

K

kairós 카이로스
Kant, Immanuel 칸트, 임마누엘
kenosis, kenoticism 케노시스, 케노시스 신학
kerygma 케리그마
Kierkegaard, Søren 키에르케고르, 쇠얀
kingdom (of God) 하나님 나라
koinōnia 코이노니아

L

laity 평신도
law, legalism 율법, 율법주의
liberalism 자유주의
liberation theology 해방 신학
limited atonement 제한 속죄
literalism 문자주의
liturgy 예전
logical empiricism 논리 경험주의 ☞ 실증주의
logical positivism 논리 실증주의 ☞ 실증주의
logocentrism 로고스 중심주의
Lord's Supper 주의 만찬
love 사랑
Luther, Martin 루터, 마르틴
Lutheranism 루터교

M

magisterial Reformation 관(료) 주도형 종교개혁
magisterium 교도권
Manichaeism 마니교
Marcionism 마르키온주의
Mariology 마리아론
Marxism 마르크스주의
materialism 유물론
medieval, medieval theology 중세, 중세 신학
memorialism 기념설
Mennonites 메노나이트
merit 공로
Messiah 메시아
metanarrative 거대 서사
metaphor, metaphorical theology 은유, 은유 신학
metaphysics 형이상학
method in theology, methodology 신학 방법, 방법론
method of correlation 상관관계의 방법
Methodism 감리교
middle knowledge 중간 지식
millennium, millennialism 천년왕국, 천년설
mission 선교
modalism 양태론
modernism 모더니즘
modernity 모더니티
modes of being 존재 양식
monarchianism 군주(신)론
monasticism 수도원주의
monism 일원론
monotheism 단일신론
Montanism 몬타누스 운동
moral argument (for God's existence) 도덕적 논증
moral influence theory of the atonement 속죄의 도덕 감화 이론
mysticism 신비주의
myth 신화

N

narrative, narrative theology 내러티브, 내러티브 신학
natural headship 자연 대표
naturalism, natural theology 자연주의, 자연 신학
neo-evangelicalism 신복음주의 ☞ 복음주의적, 복음주의
neo-orthodoxy 신정통주의
Neo-Platonism 신플라톤주의

neo-Thomism 신토마스주의 ☞ 토마스주의
Nestorianism 네스토리우스주의
Nicene Creed 니케아 신경
Niebuhr, Reinhold 니버, 라인홀드
nihilism 허무주의
noetic 지성적
nominalism 유명론
noncompatibilism 양립불가능론
nonfoundationalism 반토대주의
norm 표준
notitia 지식
numinous, *numinose* 누미노제

O

Occam's razor 오컴의 면도날
oikonomía 오이코노미아
omnipotence 전능(성)
omnipresence 편재(성)
omniscience 전지(성)
ontological argument 존재론적 논증
ontology 존재론
ordinance 규례
ordination 임직
ordo salutis 구원의 순서
Origen 오리게네스
original righteousness (justice) 원의 ☞ 원죄
original sin 원죄
orthodoxy 정통
orthopraxy 정행 ☞ 실천
ousía 우시아

P

panentheism 범재신론
pantheism 범신론
paradigm, paradigm shift 패러다임, 패러다임 시프트
paradox 역설
parousia 파루시아
patripassianism 성부 수난설
patristic era 교부 시대
pedobaptism, paedobaptism 유아 세례
Pelagianism 펠라기우스주의

penal-substitution theory of the atonement 속죄의 형벌 대속론
penance 고해
Pentecost, Pentecostalism 오순절, 오순절운동
perichoresis 페리코레시스
perseverance of the saints 견인, 성도의
person 인격
phenomenology 현상학
pietism 경건주의
Platonism 플라톤주의
plenary inspiration 영감, 완전
pluralism 다원주의
Pneumatology 성령론
point of contact 접촉점
polemics 논증학
positivism 실증주의
posse non peccare 포세 논 페카레 ☞ 포세 페카레
posse peccare 포세 페카레
postliberalism 후기자유주의
postmillennialism 후천년설
postmodernism 포스트모더니즘
postmortem evangelism 사후 복음전도
pragmatism 실용주의
praxis 실천
predestination 예정
preexistence of the soul 영혼의 선재
premillennialism 전천년설
presuppositionalism 전제주의
prevenient grace 선행 은혜
priesthood of believers 만인 제사장설
process theology 과정 신학
procession 출래
progressive revelation 점진적 계시
prolegomenon 프롤레고메논
prolepsis 선취
propitiation 화목(제)
proposition, propositionalism 명제, 명제주의
prosōpon 프로소폰
Protestantism, Protestant principle 개신교, 개신교 원리

providence 섭리
purgatory 연옥
Puritanism 청교도 운동

Q

quest of the historical Jesus 역사적 예수 연구

R

Radical Reformation 급진 종교개혁
ransom theory of the atonement 속전설
rapture 휴거
reader-response theory of hermeneutics 독자반응 이론, 해석학의
real presence of Christ in the Eucharist 실재(설)
realism 실재론
reconciliation 화해
reconstructionism 재건주의
redaction criticism 편집 비평
redemption 구속
Reformation 종교개혁
Reformed tradition, Reformed theology 개혁 전통, 개혁신학
regeneration 중생
reincarnation 환생
relativism 상대주의
Religionsgeschichtliche Schule 종교사 학파(렐리기온스게쉬히트리헤 슐레)
Renaissance 르네상스
resurrection 부활
revelation 계시
revivalism 부흥운동
righteousness 의
Ritschl, Albrecht 리츨, 알브레히트
Romanticism 낭만주의

S

Sabellianism 사벨리우스주의
sacerdotalism 사제 중심주의
sacrament, sacramentalism 성례, 성례주의
saints 성도
salvation 구원
salvation history 구속사
sanctification 성화
satisfaction theory of the atonement 속죄에 대한 만족설
Schleiermacher, Friedrich 슐라이어마허, 프리드리히
scholasticism 스콜라주의
Scotism 스코투스 신학 ☞ 둔스 스코투스
Scripture principle 성경 원리
sect, sectarianism 종파, 종파주의
secularism, secular humanism 세속주의, 세속인문주의
Semi-Pelagianism 반펠라기우스주의
sensus plenior 센수스 플레니오르
similitudo Dei 시밀리투도 데이
sin 죄
sinlessness of Christ 그리스도의 무죄
sociology of knowledge 지식사회학
sola fide 오직 믿음(솔라 피데)
sola gratia 오직 은혜(솔라 그라티아)
sola scriptura 오직 성경(솔라 스크립투라)
soteriology 구원론
soul 영혼
source of theology 신학의 자료
sovereignty 주권
special revelation 특별 계시
spiration 발출
Spirit, spirit 성령, 영
spirituality, Christian 영성, 기독교
structuralism, structuralist exegesis 구조주의, 구조주의 해석
subjectivism 주관주의
sublapsarianism 타락 후 선택설
subordinationism 성자종속설
substantia 숩스탄티아
Summa Theologica (줄여서 *Summa*) 신학 대전
summum bonum 지고선
supralapsarianism 타락 전 선택설
syncretism 혼합주의
Synod of Dort 도르트 총회
Synoptic Gospels, synoptic problem 공관복음, 공관복음 문제

systematic theology 조직 신학

T

teleological argument 목적론적 논증
Tertullian 테르툴리아누스
testimonium Spiritus sancti internum 성령의 내적 증언
theism 유신론
theistic evolutionism 유신론적 진화주의
theocentricity 신 중심
theodicy 신정론
theologia crucis 십자가의 신학
theologia gloriae 영광의 신학 ☞ 십자가의 신학
theological method 신학적 방법
theology 신학
theology of hope 희망의 신학
theopneustos 테오프뉴스토스
third use of the law 율법의 세 번째 용도
Thirty-Nine Articles, the 39개 (신앙) 신조
Thomism 토마스주의
Tillich, Paul 틸리히, 폴
time, timelessness 시간, 무시간성
tradition, traditionalism 전통, 전통주의
traducianism 영혼유전설
transcendence 초월
transcendental philosophy, theology 초월(론)적 철학, 신학
transubstantiation 화체설
tribulation 환난
trichotomism 삼분설
Trinity 삼위일체
tritheism 삼신론
truth 진리
TULIP 튤립
two natures, doctrine of 두 본성 교리
typology 모형론

U

ubiquity, ubiquitarianism 그리스도의 편재, 그리스도 인성 편재론
ultimate concern 궁극적 관심
unconditional election 무조건적 선택
Unitarianism 유니테리언주의
universalism 보편 구원론
univocal 일의적

V

Vatican, Vatican Council 바티칸, 바티칸 공의회
vestigium Dei 하나님의 흔적(베스티기움 데이)
vestigium trinitatis 삼위일체의 흔적(베스티기움 트리니타티스)
via causalitatus 원인의 길 ☞ 탁월의 길
via eminentiae 탁월의 길
via media 중도의 길
via negativa 부정의 길 ☞ 탁월의 길
vicarious atonement 대리적 속죄
virgin birth, virginal conception 동정녀 탄생, 동정녀 잉태
visible church 교회, 가시적
Voluntarism 주의주의
Vulgate(영), Vulgata(라) 불가타

W

Wesleyan quadrilateral 웨슬리 사대 원리
Wesleyanism, John Wesley 웨슬리주의, 존 웨슬리
Westminster Confession and Catechisms 웨스트민스터 신앙고백(문)(서), 웨스트민스터 교리문답(서)
will of God 하나님의 의지
Word of God 하나님의 말씀
worship 예배
wrath of God 하나님의 진노

Z

Zwingli, Ulrich 츠빙글리, 울리히

IVP(InterVarsity Press)는
캠퍼스와 세상 속의 하나님 나라 운동을 지향하는
IVF(InterVarsity Christian Fellowship)의 출판부로
생각하는 그리스도인을 위한 문서 운동을 실천합니다.

- 신행사전 시리즈 제1-5권은 알맹e에서, 제6권은 도서출판 100에서 epub 전자책으로 출간하였습니다. 제1, 3, 6권의 종이책은 도서출판 100에서 제2, 4, 5권은 IVP에서 출간합니다.
- 바르게 믿고 바르게 행동하자는 뜻의 신행(信行)은 신행 맹용길(전 장로회신학대학교 기독교와 문화 교수)의 호입니다.

신학 용어 사전

초판 발행_ 2022년 3월 28일

지은이_ 스탠리 J. 그렌츠·데이비드 거레츠키·체리스 피 노들링
옮긴이_ 진규선
펴낸이_ 정모세

펴낸곳_ 한국기독학생회출판부
등록번호_ 제2001-000198호(1978.6.1)
주소_ 04031 서울시 마포구 동교로 156-10
대표 전화_ (02)337-2257 팩스_ (02)337-2258
영업 전화_ (02)338-2282 팩스_ 080-915-1515
홈페이지_ http://www.ivp.co.kr 이메일_ ivp@ivp.co.kr
ISBN 978-89-328-1919-8 94230
     978-89-328-1876-4 94230(세트)

ⓒ 한국기독학생회출판부 2022

책값은 뒤표지에 있습니다.
무단 전재와 복제를 금합니다.